SAQUE SU
MANO
DE MI
BOLSILLO

SAQUE SU
MANO
DE MI
BOLSILLO

RON LAMBERT · TOM PARKER

GRUPO NELSON
Una división de Thomas Nelson Publishers
Desde 1798

NASHVILLE   DALLAS   MÉXICO DF.   RÍO DE JANEIRO   BEIJING

© 2007 por Grupo Nelson
Publicado en Nashville, Tennessee, Estados Unidos de América.
Grupo Nelson, Inc. es una subsidiaria que pertenece
completamente a Thomas Nelson, Inc.
Grupo Nelson es una marca de Thomas Nelson, Inc.
www.gruponelson.com

Título en inglés: *Is That Your Hand in My Pocket?*
© 2006 por Ron Lambert y Tom Parker
Publicado por Thomas Nelson, Inc.

Traducción: *Nahum Saez*
Tipografía: *Grupo Nivel Uno, Inc.*

ISBN-10: 0-89922-461-X
ISBN-13: 978-0-89922-461-9

Impreso en Estados Unidos de América

2ª Impresión, 11/2007

CONTENIDO

AGRADECIMIENTOS

Una obra como esta es resultado de la experiencia acumulada más que de la imaginación propia. Es por eso que, como autores, damos todo el crédito a cualquiera de las ideas que pueda contener este texto, en el siguiente orden: a nuestros clientes, colegas (en especial John McCormack, Tom Zimmerman, Steve Harris, Dave Burdette, Chris Ayers y el doctor Russ Leonard), a nuestro personal de ventas, a los recursos enumerados en la bibliografía así como a nuestros mentores. A mi amigo Dave Burns, un negociador comercial de Estados Unidos jubilado, muchas gracias por compartir algunas de sus experiencias en nuestro libro.

Un agradecimiento especial a Debbie y a Betsy, nuestras pacientes esposas que han sobrevivido a incontables cumpleaños, aniversarios y reuniones de asociaciones de padres y maestros mientras nosotros volamos por todo el mundo en busca de nuestra siguiente negociación.

También queremos agradecer a Susan Caldwell, nuestra gerente de operaciones en Yukon, una empresa de Alongside Management, y quien ha pasado innumerables horas ayudándonos con este libro, sus imágenes y asegurándose de que usamos el formato apropiado. Ella ha sido una gran ayuda para nosotros dos.

Queremos destacar también a Vistage (antes conocido como TEC, The Executive Council). Vistage es una organización mundial que agrupa a más de diez mil directores de empresas medianas. Hemos tenido el privilegio de trabajar con docenas de sucursales de Vistage en Estados Unidos y la experiencia ha sido invaluable para la formación de muchos conceptos presentados en este libro; nosotros, los autores, recomendamos esta asociación sin reserva alguna. Puede obtener más información acerca de Vistage en www.vistage.com. Algunas de las historias y ejemplos descritos en esta obra proceden de nuestro trabajo con los miembros de Vistage.

RON LAMBERT
TOM PARKER

INTRODUCCIÓN

LAS RELACIONES INTERPERSONALES EN LAS VENTAS AÚN NO
están pasadas de moda como la música disco, por ello se requiere poner en
orden todos los asuntos; cada vez es más frecuente que las grandes compañías miren las relaciones que el vendedor tiene con el comprador y se pre-
guntan si toda esa actitud complaciente, en la que todos ganan al final, no
les representa un costo mayor.

Las empresas de entrenamiento, incluida la nuestra, han enseñado a los
vendedores cómo establecer relaciones de negocio sanas y balanceadas, así
como explorar nuevas alternativas con sus clientes. El propósito de esa estrategia es propiciar una atmósfera de confianza y respeto mutuo en la que las
necesidades de ambos se puedan explorar y se encuentre una solución creativa que les permita a los interesados obtener lo que quieren (o necesiten)
como consecuencia de la negociación.

Cuando esa estrategia funciona, se ven los resultados. Aunque sólo funciona si ambas partes desean hacerlo. El problema radica en que la economía global ha ejercido tanta presión en las compañías para que reduzcan los
costos de sus operaciones, que la compra se ve cada vez más como la clave
central de la ganancia.

Hace algunos años nos pareció evidente que existía un movimiento por
parte de los compradores en dirección opuesta a un modelo que fuese colaborador; en lugar de relaciones y creatividad obtuvimos un movimiento
hacia los instrumentos financieros (lo que también se llama bursatilización)

y las subastas inversas (un tipo de subasta en la que el papel del comprador y el del vendedor se invierten con el fin de hacer bajar los precios; los vendedores entonces compiten por atraer más negocios). Eso comenzó con las compañías más grandes y desde entonces se ha trasladado en diferentes formas a través de la cadena alimenticia.

Las estrategias de ventas tradicionales no funcionan bien en ese medio debido a que solamente una de las partes se involucra en el juego. Mientras que el vendedor trabaja en forjar una relación, el comprador se dedica a evitarla. En esa situación, el comprador gana en el momento que pueda identificar fuentes múltiples del mismo producto o servicio para dejar que se despedacen compitiendo por el pedido.

Eso no quiere decir que la venta por relaciones haya desaparecido o que desaparecerá por completo (como tampoco desaparecerán los Bee Gees o Donna Summer). Esas estrategias siempre serán necesarias. Sin embargo, en el ambiente mercantil de hoy, el vendedor debe estar preparado para participar en el juego de una forma u otra. El objetivo de este libro es ayudar a que los vendedores puedan manejar esa situación exitosamente y ganar en medio de este ambiente de cambios vertiginosos.

Donde ya reina la colaboración, existe un conjunto de estrategias para crear aun más cooperación; en cambio, donde la colaboración es una especie en extinción, existen las técnicas para ayudar a los vendedores a pasar al otro bando, hacia la colaboración.

En el transcurso de los últimos quince años hemos enseñado a miles de vendedores en seis continentes a trabajar con compradores profesionales. El conjunto de estrategias que presentaremos en esta obra les han ahorrado a esos clientes casi mil millones de dólares. Estos conceptos le serán igual de útiles a usted. Además, estas estrategias harán que sus negociaciones con los compradores más fuertes, sean productivas y menos estresantes. Ah, y como beneficio adicional ¡es probable que le produzcan mucho dinero!

Aun cuando actualmente usted no esté tratando con profesionales de ventas, debe prepararse para el día cuando tenga que hacerlo. En el momento preciso en que el sector de la industria al que pertenezca su compañía tome ese rumbo, este libro lo hará un negociante efectivo dentro y fuera de la misma.

Esta obra está dedicada a los profesionales de ventas que trabajan arduamente en cualquier parte del mundo.

RON LAMBERT Y TOM PARKER

CAPÍTULO 1

POR QUÉ LOS COMPRADORES NO QUIEREN QUE USTED LEA ESTE LIBRO

MIENTRAS ESTÁ LEYENDO ESTA FRASE, EN ALGUNA PARTE del mundo, hay un cuarto lleno de compradores entrenándose y revisando las tácticas y técnicas que usarán con usted. Estos métodos están diseñados para confundirlo, desarmar sus estrategias, poner en marcha un plan de acción, debilitar su poder y apoderarse de su bolsillo.

Bastante terrorífico, ¿verdad?

Usted es un vendedor profesional, ha tenido mucho entrenamiento con el portafolio de productos que vende, conoce su material, además ha participado en entrenamientos sobre ventas consultivas, sabe todo acerca de la importancia de establecer amistad y cimentar relaciones con sus clientes.

Sin embargo, hay un punto importante que es probable que usted aún no sepa: a esa gente (consumidores/compradores) no les importa eso. No están interesados en ser sus amigos. Ellos no quieren tener una relación amistosa con usted, sólo quieren minimizar su valor tanto como puedan, sin importarles si como resultado usted pierde su trabajo o su compañía se declara en quiebra.

Son compradores profesionales y quieren dejarlo fuera del negocio. El mundo ha cambiado mucho en los últimos veinte años y donde más profundamente se han reflejado esos cambios es en la antiquísima relación «comprador-vendedor». El comercio global nos ha traído muchos beneficios a todos, pero uno de los efectos secundarios de este nuevo comercio es la competencia feroz. Las compañías grandes están absorbiendo a las más pequeñas y se mueven por todas partes del mundo en busca de los más eficientes (más baratos) mercados laborales.

La subcontratación no sólo se enfoca en camisetas y calzado deportivo, sino también en programas de cómputo, centros de atención al cliente y hasta en el área de la salud. Esto ha creado un medio ambiente de negocios áspero, que en muchos casos no nos permite tomar en cuenta las relaciones amistosas proveedor-vendedor que nos beneficiaron tanto en el pasado.

Llámelo "efecto Wal-Mart" si lo desea, pero lo cierto es que el pequeño y agudo ojo de los compradores profesionales que conformaban un porcentaje relativamente pequeño de la función compradora son ahora un hecho real en cada vez más industrias. Si no han llegado a obtener lo suyo todavía, es probable que le lleguen pronto. Nuestras compañías, Alongside Management y Yukon, entrenan vendedores para tratar con diversos tipos de compradores profesionales. Nuestros clientes típicos son compañías tipo Fortune 100 que representan a las más grandes multinacionales de ventas. Estos vendedores a menudo son llamados por los gigantes globales del mundo de los negocios, es decir: los Wal-Mart, Target, la General Motors, etc.

Nuestros clientes nos emplean porque se han dado cuenta de que están enviando a sus vendedores al campo de batalla armados con una navaja. Mientras los compradores han hecho movimientos rápidos para asimilar el modelo de la economía mundial, vemos cada vez más cómo los vendedores utilizan todavía las técnicas y estrategias que están en desuso.

Encontramos que las organizaciones de compradores profesionales ahora están tomando medidas para frustrar en forma activa las estrategias que las compañías utilizan típicamente en los entrenamientos de los vendedores; por ejemplo, ahora las empresas tomarán medidas considerables para evitar que sus compradores desarrollen relaciones personales con los vendedores, para eso instituirán políticas tales como:

A No permitir almuerzos con los vendedores.

A No permitir regalos de los vendedores.

A Rotación periódica de los compradores para evitar que entablen amistad con los vendedores.

A Ser sede de subastas organizadas para que los vendedores compitan entre sí con las empresas presentes y así presentar apuestas sobre una determinada porción de un negocio.

A Llevar a cabo subastas inversas en línea (Internet) sin tomar en cuenta el consejo del equipo de ventas.

Además, los compradores son entrenados con tácticas muy específicas para utilizarse contra los vendedores; éstas pueden ser muy eficaces si el agente no está entrenado, y como consecuencia, no puede aplicar una estrategia apropiada. Aquí es donde aparecemos nosotros: nos especializamos en ayudar a nivelar el terreno y en darles a los vendedores las herramientas, argumentos y con esto, inspirarles la confianza que necesitan para representar efectivamente a sus compañías en el mercado.

Este libro contiene lo que hemos aprendido durante más de cuarenta años de experiencia al vender, negociar, administrar, enseñar y observar lo que sucede entre compradores y vendedores. El conjunto de habilidades y técnicas que estudiaremos les ha ahorrado a nuestros clientes casi dos mil millones de dólares, y la cifra todavía se eleva. La mejor parte es que estas estrategias resultarán mejor cuando usted intente comprar un auto o un mueble y sepa que puede hacer un trato excelente.

Estas técnicas han sido diseñadas para:

 ⋏ Permitirle vender con mayores márgenes.

 ⋏ Hacer que usted se sienta menos presionado.

 ⋏ Responder a las tácticas del comprador y sus estrategias.

 ⋏ Hacer que sus negociaciones sean más efectivas y se aproveche el tiempo invertido en ellas.

 ⋏ Ayudarle a utilizar modelos de colaboración con quien haga tratos.

Antes de empezar, queremos enfatizar la siguiente analogía: es posible que uno considere, por lo general, que las relaciones entre compradores y vendedores sean como la batalla entre el bien y el mal; es decir los vendedores (nosotros) = el bien; y compradores (ellos) = el mal.

No creemos que esta analogía sea muy práctica en términos reales. Al final, los compradores tienen que hacer su trabajo. Si no consiguen productos y servicios al precio más bajo posible, serán despedidos.

Es preferible utilizar una analogía como si uno estuviese en un evento deportivo: cada lado tiene un rol que jugar y si alguno de los dos hace un mejor trabajo y golpea al otro, esto no lo hace malo, simplemente ese equipo es mejor jugando desde su posición.

No sólo intentamos darle, querido lector, las herramientas que necesita para salir y hacer un gran trabajo para usted y su compañía, sino también mostrarle cómo divertirse con ello. Como una recompensa, estas mismas herramientas le darán resultado cuando tenga que negociar con su jefe, sus compañeros, su pareja y otras personas. Usted podrá emplear estas habilidades para el resto de su vida.

Cuando le llegue el turno de ser comprador, podrá girar estas mismas técnicas ciento ochenta grados y usted será dinamita.

He aquí el conjunto de habilidades que necesitará:

▲ Reconocer los estilos de negociación; el suyo y el de la contraparte.

▲ Aprender técnicas para tratar con gritones y agresivos.

▲ Establecer una actitud que propicie una atmósfera de colaboración.

▲ Detectar los mensajes no verbales.

▲ Leer las señales no verbales.

▲ Entender las diferencias de género al negociar.

▲ Aprender el arte de aparentar.

▲ Planificar con eficacia una negociación.

▲ Escoger la estrategia apropiada.

▲ Utilizar la creatividad para superar lo rutinario.

▲ Entender el valor del poder: cómo conseguirlo y mantenerlo.

▲ Preguntar ¿por qué? para conocer las motivaciones del comprador.

▲ Usar su equipo para causar el máximo impacto.

▲ Hacer una buena presentación a fin de que se pueda cerrar el convenio.

Como extra, hemos añadido un capítulo que enseña a nuestros lectores cómo comprar un automóvil utilizando nuestras técnicas. Con mucha frecuencia nos asombra conocer la cantidad de vendedores exitosos que detestan involucrarse en el proceso de comprar un auto, piénselo cuidadosamente: ¡esta es su oportunidad de ser el cliente! Le mostraremos cómo emplear las técnicas de este libro para que en la compra de su próximo auto usted pueda dejar de lado la tensión que el proceso implica; además, al usted jugar al comprador, obtendrá las pautas (el rol) de un comprador que no coopera (en este modelo de negociación). Podremos aplicar este conocimiento a lo largo del libro.

Tenemos mucho, mucho camino por recorrer, así que empecemos.

CAPÍTULO 2

¿QUÉ TAN IMPORTANTE ES SU ESTILO DE NEGOCIACIÓN?

¿Son realmente importantes los estilos de negociación? Lea esto y decida: uno de nuestros clientes del sector salud trabajó por más de un año para conseguir un acuerdo con una prestigiosa compañía Fortune 100. El presidente de la empresa de nuestro cliente (llamémoslo Sam) y su contraparte tuvieron la mayoría de juntas de trabajo y negociaciones determinantes que formaron parte del trato, así que se acordó una reunión final en la que se definirían los términos para cerrar (finalizar) el trato de 250 millones de dólares; cuando el jefe de Sam se enteró de que era la última reunión, decidió asistir, sin previo aviso. Ahora, antes de continuar, tiene que saber que Sam es una persona amable y un negociador colaborador, su jefe (a quien llamaremos el Gran Señor) no es como Sam, es un hombre cuya presencia impone, es un negociador resistente con la personalidad de Genghis Khan. A pesar de que el contrato estaba por firmarse la reunión afectó el resultado final, a tal grado que el cliente llamó a Sam al día siguiente explicándole que mientras el Gran Señor estuviera a cargo de la compañía, nunca habría un acuerdo entre ambas partes. Entonces, ¿es importante su estilo de negociación? Claro que sí. Si no, pregúntele a Sam por los 250 millones de dólares que se le fueron de las manos.

Cada uno de nosotros tenemos un estilo particular para negociar. Ese estilo es resultado de varios factores: nuestra crianza, educación, las personas a quienes recurrimos cuando necesitamos consejo, las fórmulas que han funcionado exitosas en el pasado, etc. A pesar de que no existe un estilo correcto o incorrecto, hay ocasiones en las que utilizar un estilo inapropiado puede provocarle muchos dolores de cabeza.

Por ejemplo, el estilo que usted utiliza para negociar asuntos internos con un colega no es el mismo que usaría cuando compre un vehículo (por lo menos eso es lo que esperamos).

Los buenos negociadores y los buenos agentes de ventas están conscientes de su estilo natural de negociación, por lo que pueden reconocer los de quienes interactúan con ellos; de esta manera tienen la capacidad de reconocer y modificar su estilo dependiendo de la situación en la que se encuentren. En este capítulo les enseñaremos cómo y cuándo hacerlo.

Antes de continuar quiero aclarar que los estilos de negociación son diferentes de los tipos de comportamiento. Muchos de nosotros, en algún punto de nuestras carreras, hemos pasado por las cuatro esferas de comportamiento en una negociación (analítica, conductora, expresiva, amigable). Estas diferencias se aclararán a medida que avancemos en el capítulo.

Una gran diferencia entre los tipos de comportamiento y los estilos de negociación es que mientras los primeros casi siempre son constantes (en cuanto al cliente), los buenos negociadores cambiarán de un estilo a otro dependiendo del contexto en el que se desenvuelva la negociación; ellos reconocerán cómo y cuándo usar un estilo diferente, ya que están concientes de que esto puede marcar la diferencia entre cerrar un convenio o arriesgarse a perder en la mesa de negociaciones.

Su estilo de negociación se forma al combinar la importancia relativa de dos factores que siempre están presentes en el proceso de negociación:

1. La preocupación por las personas que participan en la negociación. Su estilo de negociar puede cambiar por el valor que le dé a la relación interpersonal y el interés que tenga en mantenerla.
2. El asunto que está negociando (como el precio o el servicio del proveedor). A esto se le llama la esencia de la negociación.

Nos referimos a eso como el Factor PA (Personas/Asuntos). La mezcla de algunos de esos factores producen los cuatro estilos de negociación: conquistar, colaborar, conceder y comprometer.

Basado en su trayectoria, su estilo de negociación está clasificado dentro del siguiente recuadro PA; esto proporciona a la mayoría de las personas una idea bastante clara de dónde ubicarse en la siguiente escala:

EL FACTOR PA (PERSONAS/ASUNTOS)

	C-1 CONQUISTAR FACTOR PA= MÁXIMO ENFOQUE EN EL ASUNTO/MÍNIMO ENFOQUE EN LAS PERSONAS	C-2 COLABORAR FACTOR PA= MÁXIMO ENFOQUE EN EL ASUNTO/MÁXIMO ENFOQUE EN LAS PERSONAS
	C-3 CONCEDER FACTOR PA= MÍNIMO ENFOQUE EN EL ASUNTO/MÁXIMO ENFOQUE EN LAS PERSONAS	C-4 COMPROMETER FACTOR PA= MÍNIMO ENFOQUE EN EL ASUNTO/MÍNIMO ENFOQUE EN LAS PERSONAS

MÁXIMO ↑ PREOCUPACIÓN POR LOS ASUNTOS

MÍNIMO ——————— PREOCUPACIÓN POR LAS PERSONAS ——————▶ MÁXIMO

> ➤ CONSEJO PARA NEGOCIACIONES PROFESIONALES

Los vendedores efectivos son conscientes de sus estilos y reconocen el de los demás, por ello deciden conscientemente usar un estilo adecuado ante cada situación.

A partir de este modelo puede observar cómo su estilo es determinado por la importancia relativa que usted mismo asigna a cada uno de los dos elementos de negociación: «los asuntos y las personas». Recuerde, no hay un estilo correcto o incorrecto para cada situación, al contrario, hay un tiempo y un lugar para que cada estilo sea más efectivo. También habrá momentos en los cuales cada uno de ellos le puede poner en problemas.

Ahora vamos a hablar de los cuatro estilos, sus fortalezas y debilidades, cuándo aplicarlos y cómo su uso inapropiado puede causarle problemas.

C1: Conquistar

Basado en el modelo anterior, es fácil identificar por qué llamamos a este estilo conquistar. Todos tenemos que trabajar con individuos C1 (¡Algunos de ustedes son C1!); es un estilo muy común en nuestra cultura. A los C1 les importan las situaciones y además, quieren ganar. Una de mis ilustraciones favoritas que describe este estilo es la de los «dos perros y un hueso»; a ellos no les interesa cómo se sienta el otro y, por lo tanto, no le dan mucha importancia al valor de las relaciones. ¿Le parece familiar?

Las personas adoptan este estilo por varias razones; algunas veces han aprendido este estilo de una persona que admiran o de un consejero; algunos lo usan a la defensiva.

Sienten que si no son agresivos, los demás pueden abusar de ellos. De todas maneras, es un estilo muy común entre los compradores profesionales, y tenemos que aprender cómo lidiar con éste.

Veamos algunas situaciones en las que este estilo es efectivo y otras en las que no lo es.

C1 es efectivo cuando

▲   Es un solo trato y usted nunca volverá a ver a su contraparte.

▲ Usted tiene una posición dominante en el mercado y su contraparte no tiene otra opción (pero tenga cuidado, porque constantemente buscará otras opciones antes que la suya).

▲ Usted no puede o no quiere negociar en algún punto particular (a causa de su moral, situación legal, seguridad, política de la compañía, etc.).

▲ La otra persona emplea el estilo C1.

Piénselo. Si ellos están tras usted con un estilo de conquistador, ¿qué pasaría si usted trata de colaborar, conceder o comprometer? Le aplastarán y ganarán.

Ante esta situación es efectivo actuar como C1, necesita pararse firme con la otra persona para demostrarle que no se rendirá. Cuando el contrario se dé cuenta de que su estilo no le resulta, es muy posible que cambie a otro estilo con el cual se sienta más cómodo para trabajar. Muchos C1 tienen a C4 (comprometer) como su estilo de respaldo.

C1 no es el mejor estilo ante

▲ Negociaciones internas con compañeros de trabajo, con empleados a su cargo o con los superiores.

▲ Negociaciones importantes a largo plazo, con subcontratistas y clientes.

▲ Diferencias de opinión con su pareja.

A continuación le presentamos algunos consejos para lidiar con los C1:

▲ Trate rápidamente de establecer una posición de igualdad comercial (vea el capítulo 4).

▲ Párese firme, enséñeles que no se pueden burlar de usted ni pueden mentirle, lo más probable es que se den por vencidos y a causa de eso adopten un estilo en el cual será más fácil para que usted pueda negociar eficazmente.

⋏ Deje que piensen que ganaron algo para sí mismos o para su compañía.

Consejos para negociar si usted es un C1

⋏ Tenga cuidado con su tendencia a ignorar los sentimientos de los demás.

⋏ Si es posible, tome el tiempo para tratar que los dos ganen, esto es opuesto a la postura ganar-perder.

➤ CONSEJO PARA NEGOCIACIONES PROFESIONALES

Si su estilo es C1, no gane una batalla y pierda la guerra en la que las relaciones son muy importantes, debido a que usted aún sabe cuánto durarán.

C2: Colaborar

Este estilo funciona muy bien para la mayoría de las negociaciones comerciales. El modelo nos enseña que el C2 pone mucho énfasis en los asuntos y en las personas; para que este estilo funcione, C2 necesita encontrar una forma de obtener lo que quiere y al mismo tiempo hacerle saber al otro que el convenio que hicieron es bueno.

Esto involucra a las dos partes que trabajan juntas para llegar a un acuerdo que beneficie a ambos, para que esto ocurra los dos necesitan compartir información e ideas y a través de ello encontrar soluciones creativas. Suena fenomenal, ¿no?

Nos encantaría que todas nuestras negociaciones se llevaran a cabo de esa manera. El problema es que la colaboración sólo es efectiva si ambas partes ven el beneficio y trabajan juntas. Si sólo una parte colabora y la otra trata de conquistar, el resultado no es muy placentero.

Por ello es muy importante que tanto los buenos negociadores como los vendedores reconozcan sus estilos.

C2 es un gran estilo para

⊀ Negociaciones internas.

⊀ Relaciones importantes entre proveedores y clientes.

⊀ La mayoría de las situaciones personales.

C2 no es el estilo apropiado

⊀ Cuando, después de muchos intentos de su parte por ser colaborador, la otra parte se rehúsa a trabajar con usted (el clásico C1).

⊀ Si le han pedido hacer algo inmoral, no ético o ilegal.

> **CONSEJO PARA NEGOCIACIONES PROFESIONALES**

Los negociadores colaboradores deben reconocer las situaciones en las que el C2 no es apropiado y ser capaces de cambiar rápidamente a C1. Manténgase firme.

Como mencionamos, este es un gran estilo para negociaciones exitosas (del tipo ganar-ganar), usarlo apropiadamente lo llevará a una negociación en la que haya fluidez en los tratos, mayor satisfacción y la oportunidad de establecer una relación más cercana con este proveedor o cliente con el que usted ya ha tenido éxito.

A medida que avancemos en este libro, discutiremos técnicas diseñadas para hacer de sus negociaciones tratos en los que haya mayor colaboración. Es sumamente importante, que usted desarrolle la habilidad de discernir cuándo su contraparte está verdaderamente cooperando con usted. Algunos compradores aparentan que están trabajando con usted cuando en realidad están tratando de robarle lo que tiene en el bolsillo. Cuando esto ocurra usted tiene que cambiar de estilo rápidamente y transformarse en un C1 dócil para evadir una gran pérdida en la negociación.

Si usted va a negociar con un C2, le recomendamos:

⅄ Hágales saber que usted busca una relación ganador-ganador, es decir, que ambas partes se beneficien.

⅄ Enfóquese en la relación y en los asuntos que estén relacionados, no haga ruido innecesario al atraer otros temas irrelevantes.

Consejos para negociar si usted es un C2:

⅄ Reconozca que no todos tienen su estilo de negociación.

⅄ Sea precavido con los C1 que aparenten ser, en realidad, negociantes del estilo C2.

⅄ Recuerde que se presentarán situaciones en las que tiene que actuar como un C1 dócil para ser más efectivo.

C3: Conceder

La mayoría de las veces vemos este estilo en quienes son los vendedores. Ellos se enfocan tanto en establecer una relación con sus compradores que en ocasiones dan más de lo que deberían. Los compradores saben esto y lo usan para su beneficio. Cuántas veces ha escuchado a un vendedor (o usted mismo) decir lo siguiente: «Bueno, tuve que darle X, Y y Z, pero ahora logramos que abrieran su puerta para negociar».

El problema radica que en este estilo, si usted no podría marcar una pauta negativa a lo largo de la negociación y tal vez, cada vez que su contraparte pida algo, ¡lo obtendrá!

En este caso, su contraparte es feliz al hacer negocios con usted y se divertirá mucho en el proceso en una negociación que no le dejó ganancia alguna; tendrá que cambiar abruptamente su estrategia para dejar de regalar sus bienes o servicios. Si su estilo natural es el C3, o simplemente sucede que lo está usando en la negociación en la que actualmente se encuentra, debe tener cuidado desde el inicio de esta relación y durante su desarrollo. La clave es dejar que usted mismo le indique a ese cliente que usted está negociando con él de manera diferente, respecto a lo que se acostumbra en la compañía, dígale que usted no quiere que pequeños obstáculos limiten su capacidad de establecer relaciones comerciales y de negociación. También puede decir algo como: «No estamos acostumbrados a hacer esto, pero si lo único que les impide hacer el pedido es tener un crédito por los productos que no se vendieron de la temporada pasada, estoy dispuesto a olvidarlo, si el pedido que pongan es 20% mayor que el anterior».

C3 es un buen estilo para usar

- ▲ Si usted ha creado un problema para el cliente.
- ▲ Si algo relativamente pequeño está impidiendo el trato.
- ▲ Cuando lo que tiene que dar es mínimo comparado con el potencial del negocio futuro.

C3 no es apropiado

- ▲ Cuando le piden que conceda algo grande.
- ▲ Cuando no recibe ningún beneficio por la concesión.
- ▲ Cuando los asuntos no son negociables (ni legal o moralmente, ni por seguridad, etc.).

Recuerde que el estilo de negociación C3 le causará problemas cuando: a) usted establece la pauta de que continuamente le dará a la contraparte lo que quiere o b) si le concede las demandas sin pedir nada a cambio.

Si tiene que conceder algo para establecer una relación de negocios debe aclararle a su contraparte que esa es una excepción a su forma de negociar, y es una condición de seguir adelante en el proceso de negociación.

Algunos consejos de negociación para tratar con los C3 son los siguientes:

⋏ Si ellos le conceden cosas, siga pidiendo.

⋏ Si ellos no piden nada a cambio, siga pidiendo.

➤ **CONSEJO PARA NEGOCIACIONES PROFESIONALES**

Si su estilo es C3, tiene que ser muy cuidadoso para no crear la expectativa de que siempre le dará al cliente lo que pida de usted.

Consejos para los que son C3

⋏ Siempre conceda de manera condicional.

⋏ Administre la expectativa de su contraparte de cuándo y de qué manera usted va a conceder.

⋏ Nunca utilice este estilo con los C1; asuma el estilo C1 para evitar que lo destruyan.

C4: Comprometer

A quienes son C4 no les gusta negociar; estas personas muy posiblemente preferirían hacer otra cosa. La ventaja de este estilo consiste en que es muy rápido llegar a una conclusión. Es como si decidiesen partir las diferencias, acuerdan una solución en las que se ubican frente al otro a medio camino y establecen un trato.

¿Parece justo, verdad? Pero el problema es que si las diferencias son significativas, uno de los dos puede considerar que el trato no le benefició. Para que una negociación con el C4 funcione, ambas partes deben ceder algo de lo que querían negociar. Si una de las partes siente que dio más que la otra, o que su contraparte no dio suficiente, entonces ellos buscarán una estrategia de salida que tal vez disuelva la negociación en su totalidad, y esto no es nada bueno.

C4 es un buen estilo cuando

⅄ La diferencia entre las dos partes es relativamente pequeña y ambos están satisfechos con su arreglo.

⅄ Si a usted se le está agotando el tiempo para negociar.

⅄ Si ya se han discutido las alternativas obvias.

C4 no es un buen estilo cuando

⅄ Las diferencias son grandes.

⅄ El resultado de la división es inaceptable para una o ambas partes.

⅄ Si el tipo de asuntos a tratar simplemente no se puede negociar, dada su cultura corporativa. (Lea los puntos anteriores.)

⅄ Si usted tiene tiempo para buscar que ambos logren una solución ganar-ganar.

Otro problema con este estilo es que si no tiene cuidado, un negociador con experiencia puede llevarle a usted a dar más (vea el capítulo 5).

Si necesita llegar a un acuerdo, trate de que este compromiso sea una condición para cerrar el trato. Puede decir: «Si pudiera hacer eso, ¿podemos proseguir a firmar la orden?»

Nota: No se confunda entre establecer un compromiso y conceder.

EL USO DE LOS ESTILOS EN LAS NEGOCIACIONES		
ESTILO	APROPIADO	INAPROPIADO
CONQUISTAR	VENTAS QUE SÓLO OCURRIRÁN UNA SOLA VEZ. NO EXISTE COMPETENCIA EN EL MERCADO.* SU CONTRAPARTE NO COLABORARA.	RELACIONES A LARGO PLAZO. ELLOS TIENEN OTRAS OPCIONES EN EL MERCADO Y LO SABEN DESDE EL INICIO DE LAS NEGOCIACIONES CON USTED.

COLABORAR	CUANDO SE TIENE QUE SOLUCIONAR UN PROBLEMA. AMBAS PARTES NECESITAN ALGO. USTED PUEDE INVERTIR MÁS TIEMPO PARA ENCONTRAR UNA SOLUCIÓN.	DESPUÉS DE INTENTAR, LA OTRA PARTE NO COLABORARÁ. LO QUE ESTÁN PIDIENDO VA EN CONTRA DE LA ÉTICA PERSONAL Y LOS VALORES CORPORATIVOS
CONCEDER	SU COMPAÑÍA O USTED HAN CAUSADO UN PROBLEMA. EL ASUNTO O EL VALOR ES LO DE MENOS.	NEGOCIACIONES INICIALES (ESTABLECER MALOS PRECEDENTES). TIENE TIEMPO PARA EXPLORAR POR MEDIO DE LAS COLABORACIONES.
COMPROMETER	EL ASUNTO Y EL VALOR SON LO DE MENOS. NO HAY MÁS TIEMPO EN LA NEGOCIACIÓN Y LO QUE ESTÁ POR NEGOCIAR ES DE POCO VALOR.	CUANDO TIENE MÁS TIEMPO DISPONIBLE PARA LA NEGOCIACIÓN Y USTED ESTÁ DISPUESTO A COLABORAR.

*Tenga cuidado. Tal vez algún día tenga competencia.

Cuando uno establece un compromiso, ambas partes ceden algo que ambos quieren (no necesariamente lo mismo), para poder llegar a un acuerdo. En una concesión, solamente una de las partes concede, en un asunto particular.

Consejos de negociación para tratar con un C4:

⅄ Enfóquese primero en la solución en la que ambos resulten ganadores.

⅄ Asegúrese de que el trato produzca mínimas diferencias para ambas partes y los resultados sean aceptables.

⅄ Defina claramente los asuntos en los que no hará compromisos.

Consejos de negociación para los C4:

⅄ Tómese el tiempo para encontrar una solución creativa en los asuntos de más interés para usted y su empresa.

▲ Si tiene que hacer un compromiso, haga que éste sea la condición que cierre el trato.

▲ Establezca compromisos que sean únicos para cada asunto.

➤ CONSEJO PARA NEGOCIACIONES PROFESIONALES

Si su estilo es C4, resista la tentación de comprometerse rápidamente. Si usted tiene tiempo, explore otras alternativas y evite dejar algo en la mesa de la negociación.

Complete los siguientes ejercicios para evaluar sus conocimientos sobre los diferentes estilos de negociación:

Ejercicios de los diferentes estilos de negociación:

Evalúe su habilidad para reconocer los diferentes estilos de negociación en estos dos ejercicios de práctica. Las respuestas correctas serán dadas al finalizar la prueba.

Ejercicio # 1: Carolina es una de sus proveedoras favoritas. La conoce hace más de diez años y siempre ha estado dispuesta a trabajar con usted, ella valora la relación que tiene con usted y su compañía.

En el pasado, cuando los contratos para negociar fueron difíciles, Carolina siempre estuvo pendiente de que usted recibiera en el contrato todo lo que necesitaba.

Basado en esta información, ¿cuál es el estilo de Carolina?

a) conquistador

b) colaborar

c) conceder

d) comprometer

Ejercicio # 2: David es otro de sus proveedores favoritos. Según él las negociaciones dan «resultados justos»; cuando éstas se complican, David busca llegar a un punto de equilibrio donde ambas partes logren una negociación fructífera.

Basado en esta información, el estilo de David es:

a) conquistador
b) colaborar
c) conceder
d) comprometer

Ejercicio # 1: c) Carolina le da más valor a la relación interpersonal y empresarial que al asunto que están negociando.

Ejercicio # 2: d) David valora la relación empresarial tanto como el asunto a negociar; sin embargo, él rápidamente llega a un punto de equilibrio, lo que puede provocar que el resultado de la negociación no favorezca a ninguno de los dos.

Resumen

Los buenos negociantes y los buenos agentes de ventas conocen su propio estilo de negociación y pueden evaluar rápidamente el estilo que emplea su contraparte. Saben que no hay un estilo que se pueda definir como «el mejor»; por tanto, dependiendo de la situación en que se encuentren, determinarán cuál es el estilo que les dará un mejor resultado.

Reconocer y reaccionar apropiadamente a esos estilos le permitirá la fluidez en sus negociaciones, haciéndolas más productivas y menos estresantes.

CAPÍTULO 3

CÓMO TRATAR CON
NEGOCIANTES DIFÍCILES

HACE ALGUNOS AÑOS ENCONTRAMOS A UN VENDEDOR CON una historia típica: había presentado un pedido grande para un equipo de alta calidad a su compañía, una investigación descubrió que los equipos estaban por debajo del precio. Por lo menos un 10% debajo del nivel que el agente de ventas o su gerente regional estaban autorizados a dar.

Cuando el jefe del gerente regional llamó para saber lo que estaba sucediendo, el agente sólo habló de todas las cosas malas que el comprador le había hecho:

- ⅄ Fue irrespetuoso,
- ⅄ mal hablado,
- ⅄ le gritó,
- ⅄ le tiró la oferta de la competencia en su cara,
- ⅄ rechazó pagar más del costo de la compra en el pedido, etc.

Cuando el jefe le dijo al agente de ventas que él no estaba autorizado para revelar los precios en la orden de compras, éste dijo agitado: «Usted no entiende. ¡Este hombre es un descarado!» El jefe le contestó: «Jorge, nosotros no tenemos una lista de precio especial para descarados».

Por supuesto que el vendedor sabía eso, pero había decidido que en vez de ir paso a paso con el cliente para recibir el precio adecuado, era más fácil darle un precio miserable que luchar por el trato que debía conseguir. ¿Le parece familiar?

Es muy común que los compradores usen la intimidación, hostilidad y emotividad como táctica para desequilibrar al vendedor. Los compradores emplean esta táctica porque como muchas otras, la mayoría de las veces funciona a favor de los compradores. Por lo general, ellos tratan de atacar las emociones de usted porque saben que en esas condiciones está más susceptible a perder la compostura y a hacer algo irracional.

> ### CONSEJO PARA NEGOCIACIONES PROFESIONALES

Un negociador insensato es un negociador malo. Si usted se da cuenta de que en cierta situación está comportándose de manera emocional y su carácter se descontrola, tome medidas de emergencia para controlarse. Para saber algunas sugerencias en cuanto a cómo hacer esto, siga leyendo.

En este capítulo veremos técnicas que hemos desarrollado a través de los años específicamente diseñadas para lidiar con los compradores abusadores, gritones, emotivos y hostiles.

En ocasiones, sin razón aparente, algo hace enojar hasta a un cliente razonable, y usted necesita trabajar con ellos de manera que pueda conseguir que el trato pueda celebrarse.

Usted debe saber que cuando ninguna técnica funciona, un buen negociador usa sus destrezas para calmar una situación intensa.

Permita que ellos se desahoguen

¿Alguna vez ha entrado a una reunión consciente de que la otra persona estaba simplemente esperándole para descargarse con usted de algo? Tal vez hubo un problema con un envío o un error con la factura o cualquier otra cosa, pero sabe de todas formas que él o ella va desatar todo contra usted apenas se inicie la reunión.

Nos hemos dado cuenta de que la mejor estrategia en estos casos es que usted permita que se desahogue. No hay ningún beneficio en que trate de batallar contra ellos, van a descargar todo contra usted; ellos no tienen ningún interés en escucharle hasta que puedan descargar toda su frustración. Es muy importante que expresen todo lo que tienen que decir, no trate de debatir con ellos punto por punto mientras están pasando por lo que les molesta; permítales hablar. Si usted necesita decir algo, exprese una respuesta evasiva como: «Puedo entender porque te sientes así», o «Sí, puedo ver que esto es un asunto muy importante». En otras palabras, permita que ellos sepan que usted le está prestando atención a su «desahogo» sin necesidad de estar de acuerdo con ellos. Eso no quiere decir que usted acepte que ellos estén en lo correcto y usted no.

Anímeles a que digan todo lo que quieran. Cuando dejen de pelear, les puede preguntar: «¿Eso es todo?» Muchas veces le dirán que no y continuarán hablando de dos o tres puntos más. Usted no podrá iniciar un diálogo hasta que la gente sienta que es escuchada y usted tenga un amplio conocimiento de aquellos asuntos que sean importantes para ellos.

A veces los problemas que le toman mucho más tiempo identificar, en realidad son la raíz del problema. Recuerde que usted no está debatiendo el valor de las quejas y responderles brevemente no implica estar de acuerdo con ellos; simplemente reconoce lo que están diciendo y les anima a que expresen todo. Puede también tomar notas para que vean que los toma en serio. Usted necesita resistir la tentación de involucrarse en la discusión y tratar de defenderse o defender a su compañía. Generalmente lo único que resulta de todo eso es que la tensión y la emoción alcancen un nivel delicado, lo cual es opuesto a lo que quiere lograr.

Muy bien, ahora se han desquitado con usted por unos quince o veinte minutos, finalmente todas sus quejas han sido expuestas. ¿Ahora qué sigue? Esta es una situación típica, donde lo normal sería responder de forma emocional, con enfado y armar un alboroto mayor. Por lo general esa es la reacción que el cliente o comprador espera ver en usted. (Véase el consejo para negociadores profesionales al principio de este capítulo.) Es crítico que involucre a su contraparte, no en un nivel emocional sino en un nivel racional.

No importa cuán irritable o desagradable haya sido la persona hasta ahora, usted necesita controlar sus emociones y responder de una forma madura, profesional y sosegada, una manera de asegurarse de que esto suceda es:

Tomen un receso

El tiempo de receso es uno de los instrumentos más poderosos que puede tener un buen negociador. Este tiempo le permitirá

- ▲ Calmarse.
- ▲ Desarrollar una estrategia para lidiar con la situación.
- ▲ Romper el rumbo negativo de la conversación.
- ▲ Retomar el control de la agenda.
- ▲ Cambiar el ambiente de la reunión.
- ▲ Tomar de nuevo el control y poder en la sala de negociaciones.

Si se siente enojado durante la reunión, tome un receso.

Si su estrategia no está dándole resultados positivos, tome un receso.

Si le están ganando en algún asunto, tome un receso.

Si un asunto le toma por sorpresa y le quita la atención al tema actual, tome un receso.

Si le toman desprevenido con algo, tome un receso.

Si siente que todo va en su contra, tome un receso.

A continuación, explicaremos cómo hacer todo esto.

Hace poco una ejecutiva de Vistage asistió a uno de nuestros talleres. (La compañía Vistage era antes conocida formalmente como TEC, por sus siglas en inglés, The Executive Council, Comité de Ejecutivos.) Ella hizo arreglos para llevar parte de su personal a otro curso que estábamos dando en su área. Su compañía opera un centro telefónico de atención al cliente. Durante el transcurso de la sesión de discusión de las técnicas que acabamos de compartir con usted, ella interrumpió y nos pidió que le dejáramos contar esta historia:

La semana pasada, antes del taller, ella estaba alineando a un cliente potencial, e hizo arreglos para que el cliente examinara la efectividad de los empleados del centro telefónico mediante un pequeño proyecto. La ejecutiva y el prospecto de cliente se reunieron poco después para revisar los resultados, el cliente inició la sesión exponiendo sus quejas sobre la calidad de las operadoras. Según él, los empleados:

⅄ Eran muy lentos para contestar el teléfono (lo dejaban sonar hasta cuatro veces).

⅄ Respondían con un acento el cual era difícil de entender.

⅄ No mostraban entusiasmo con el portafolio de productos.

⅄ A veces hablaban demasiado alto.

⅄ En ocasiones, respondían con un tono de voz muy bajo.

Era obvio que el ejecutivo quería hacerla caer en una trampa emocional al plantear una cantidad de quejas que sólo eran pequeñeces. La ejecutiva de Vistage, afortunadamente, había tenido la oportunidad de estar en nuestro taller, de manera que con mucho respeto escuchó todos los comentarios y críticas que el cliente tenía. Cuando terminó, ella le pidió que tomaran un receso de diez minutos.

Ella fue a organizar sus ideas en este tiempo clave y aunque estaba un poco irritada por las quejas del cliente, logró evadir la trampa, incluso ni siquiera reaccionó emocional o físicamente. Tomó ese tiempo para calmarse y organizar todas sus ideas. Después de diez minutos entró a la sala de juntas, miró al cliente a los ojos, y le dijo: «Entonces, ¿cuándo quiere que empecemos?» Eso tomó por sorpresa al cliente que estaba desprevenido para reaccionar adecuadamente a este acercamiento, por lo que un poco nervioso tuvo que buscar entre sus documentos; cuando al fin pudo hablar, lo hizo para definir en qué momento el centro telefónico empezaría con su proyecto de tiempo completo.

Otra historia breve:

Un gerente regional asistió a uno de nuestros talleres. Dos semanas después lo llamaron a las oficinas centrales para una reunión con el presidente de la compañía; la reunión no iba muy bien, ya que el presidente y el director de finanzas hablaban de cambiar completamente el esquema la estructura de la división de ventas. Después de haber escuchado todo eso por un largo tiempo, el gerente regional dijo: «Necesito salir al pasillo un momento, ¿le importa si tomo un receso?» (Recuerde que era una reunión interna con el jefe de su jefe.) El presidente de la compañía se sorprendió un poco, pero dijo que sí.

El gerente regional entró después de unos diez minutos, comenta que estaba muy asombrado por el cambio de actitud de los dos funcionarios, lo primero que dijo el presidente fue: «Estábamos hablando mientras saliste, y pensamos que necesitamos tu ayuda para lograr esto, qué piensas y estructurarlo de manera que los tres logremos un plan. Hemos invertido tiempo de más hablando, más que concretizando un plan que funcione». ¡El gerente regional, desde que volvió del receso no había hablado!

De esto es de lo que les estamos hablando, tomar un descanso puede incidir inclusive en drásticos cambios a favor de usted en una reunión de negocios.

Estos son algunos ejemplos de cómo y por qué esta técnica puede operar en su beneficio. Tomar un receso no solamente le da la oportunidad de calmarse y reordenar sus ideas, también les dará a todos tiempo para relajarse un poco. Cuando entre de nuevo a la reunión puede decir: «Bueno, vamos a empezar». ¿Quién tiene el control de la reunión? ¡Usted! ¿Quién es el encargado de la agenda? ¡Usted! Entonces estamos de acuerdo en que tomar un descanso es bueno. ¿Cómo lo hacemos?

Si usted está en una negociación junto con un equipo le será más fácil, sólo tiene que decir: «Necesitamos salir al pasillo por un segundo para consultar algunos puntos. Regresaremos pronto». Y simplemente salen. (Por favor, tome sus notas consigo cuando salga o por lo menos no las deje visibles.)

Esto sería ideal si está trabajando en equipo, pero ¿cómo lograrlo si está solo? ¿Si no tiene con quién salir? En cualquier caso, los recesos son más importantes en reuniones de uno a uno que en situaciones en las que están presentes más personas, usted sólo necesita saber cómo hacerlo.

Esto es lo que recomendamos: cuando usted no está satisfecho con la manera como las cosas están desarrollándose y sabe que necesita tiempo para reorganizar sus ideas, puede decir: «Bueno, hemos estado aquí por un rato y todavía tenemos que cubrir otros asuntos. Necesito salir por un momento».

Entonces ¿qué significa eso casi en cualquier parte del mundo? «Necesito un descanso para ir al baño».

Ahora, ¿alguien (desde que usted es adulto) le ha prohibido ir al baño?

Lo dudo, de todas formas, no está pidiendo permiso, sólo les está informando. Dígalo, póngase de pie y salga. Hemos descubierto que esto es más efectivo que decir: «Necesito hacer una llamada telefónica». ¿Por qué? Bueno, esto implica que no tiene la autoridad ni la capacidad o experiencia para lidiar con tal situación. ¡Eso le resta autoridad a usted!

Tome el tiempo necesario para relajarse y definir su estrategia, piense en algunas alternativas o en cualquier otra cosa, y cuando regrese a la reunión, se sienta y dice: «Bueno, vamos a empezar».

¡Acuérdese que esto es un juego! Si regresa a la reunión y no hay nadie allí, no se siente a esperarlos. Usted quiere ser el último en entrar para iniciar la reunión.

Si no hay nadie, usted puede: a) esperar en el pasillo hasta que regresen; b) dejarle una nota diciendo que regresará en unos minutos. Usted necesita tener la ventaja cuando se reinicie la reunión. Los buenos negociantes se permiten tomar algunos recesos.

> ### ➤ CONSEJO PARA NEGOCIACIONES PROFESIONALES
> Pocas veces los negociadores toman receso. Este tiempo es clave, dado que puede marcar la diferencia entre un resultado exitoso y una negociación fracasada.

Vaya al balcón

Ya mencionamos que es muy fácil involucrarse emocionalmente durante una negociación intensa y dejarse llevar por el clímax de la situación, lo cual es muy peligroso. Ambas situaciones son muy peligrosas. Los buenos negociadores saben que necesitan mantener sus emociones bajo control y su perspectiva fija en lo que está pasando.

Le recomendamos como hacerlo: haga una nota que diga: «Ve al balcón». Póngala en medio de los materiales que usará durante la reunión.

Ahora, ¿qué significa «Ve al balcón»? Los buenos negociantes se entrenan mentalmente para salir de la mesa directiva cada vez que lo necesiten. El énfasis está puesto en la palabra *mental* porque obviamente usted todavía está sentado. *Mentalmente* puede ponerse en pie y subir varias escaleras, de pronto gira y observa la reunión que se está llevando a cabo. Mientras esto sucede, puede hacerse estas preguntas:

⋏   ¿Quién está ganando?

⋏   ¿Quién está perdiendo?

▲ ¿Quién está frustrado o enojado?

▲ ¿Cuál estrategia está funcionando?

▲ ¿Quién está a la defensiva?

▲ ¿Tengo que hacer algo diferente?

Ahora, si usted tiene el control y es el que está ganando los puntos y va en un buen rumbo, ¿qué es lo que tiene que hacer? ¡Mantenga el ritmo! Pero si resulta que su estrategia no está funcionando, se está impacientando o está siendo avergonzado, ¿qué va a hacer? ¡Tome un receso! Organícese y cambie de táctica. No continúe allí sentado y perdiendo.

El punto aquí es que si usted no toma una decisión para mantener su perspectiva es muy fácil que usted pierda energía en la agitación emocional y esto le lleve a hacer algo de lo cual se arrepienta más adelante. Cuando el ímpetu de la conversación está en su contra, es necesario que pueda advertirlo rápido antes de que sea demasiado tarde para remediarlo.

Los buenos negociantes, como los buenos jugadores de cartas, están constantemente monitoreando la situación de una manera imparcial, están observando neutralmente con el fin de estar alertas para reaccionar rápidamente cuando las cosas comiencen a tornarse difíciles para su equipo de trabajo. Tiene que ser cuidadoso porque si no se esfuerza por permanecer enfocado, puede llegar a un lugar donde no quiera estar.

Enfóquese en todo el problema, juntos

Muchas veces usted ha progresado bastante en el asunto y de repente un detalle arruina todo. Vamos a suponer que usted y el comprador han acordado precio, términos, tamaño del pedido, etc., pero surge un problema en la fecha de envío. El comprador quiere que el producto llegue en cuatro semanas y usted no puede hacer que llegue antes de ocho. Lo que generalmente pasa en esos casos es que ambos gastan mucho tiempo tratando de explicar y justificar por qué su tiempo es el mejor y por qué debe hacerse de esa manera. Si usted no tiene cuidado, las cosas pueden tornarse emocionales y personales. En otras palabras, cada uno comienza a identificar al otro como el problema. Eso no es bueno.

> ➤ **CONSEJO PARA NEGOCIACIONES PROFESIONALES**
>
> Sea firme con los asuntos y sereno con las personas. ¡Emplee técnicas para concentrarse y mantener la atención de los asuntos lejos de usted!

Usamos una técnica simple cuando esto sucede. Llega un punto en el conflicto en que nada se mueve, analizamos las cosas fríamente, decimos: «El problema no es usted ni soy yo, esto es una cuestión de fechas de entrega. Pongámoslo por escrito (fecha de entrega) en este pizarrón y enfoquémonos a llegar a una solución conjunta». Escribimos el problema en la libreta o pizarrón, y luego volvemos a la mesa de negociación. De ser posible, nos sentamos en el mismo lado de la mesa con nuestro cliente y, juntos, evaluamos las posibles ideas para ver si se puede llegar a un acuerdo. Si no tiene a su disposición hojas de rotafolio para dejar sentado los asuntos de discusión, anote todo por lo menos en una hoja tamaño convencional para que ambos puedan verlo.

¿Se da cuenta cuánto podemos colaborar? El problema no radica ni en su contraparte ni en usted; sino que ahora está en un pedazo de papel frente a los dos y (relativamente) lejos de donde están sentados. Suena como una pérdida de tiempo, pero crea: ¡esto funciona!

Una nota final: De vez en cuando vemos vendedores casi acertando en esto y luego perderlo todo en el último momento. Cuando escriba el problema en el pizarrón no es bueno quedarse parado junto a éste, porque hacerlo implica que usted tiene dominio o control sobre ese asunto. Aléjese del pizarrón y vuelva a sentarse junto a su contraparte, de manera que juntos puedan trabajar para llegar a un acuerdo.

Invierta el ridículo

Plantear una demanda o requerir una oferta que es evidentemente ridícula puede ser otra táctica de su contraparte para forzarle a usted a decir «no» al iniciar la negociación. ¡No se ponga la soga al cuello! De allí en adelante, usted se verá forzado a buscar una forma de decir «sí» a algo a fin de parecer sensato y colaborador. Inclusive, usted se vería en la posición de acceder a algo que no debería para no dar una respuesta negativa otra vez.

Una mejor respuesta a una demanda poco realista puede ser: «Póngase usted en mis zapatos, Bob. ¿Si acepto una oferta que es 25% por debajo del mercado, con qué cara me presento delante de mi jefe?» O puede decir: «Su oferta está por lo menos 25% debajo del mercado, ¿cómo se sentiría si yo hiciera una cotización por encima de este valor? Ambos sabemos que me despedirían si negociara una orden en esos términos. Hablemos de lo que podemos hacer».

Considere el uso del humor, pero con precaución

El humor puede ser a veces muy eficaz para aliviar una situación tensa.

Sin embargo, puede ser arriesgado, si usted no conoce bien a la contraparte o si no es experto en el manejo de situaciones humorísticas.

Por ejemplo, recientemente presentamos una propuesta de capacitación al director de Recursos Humanos de una compañía Fortune 500. El proyecto implicaba entrenar a más de mil vendedores, la directora de Recursos Humanos le dio una mirada al documento rápidamente y luego fue a la última página; usted sabe, la parte donde están los números y los precios. Cuando miró el punto fundamental, usó el clásico truco del titubeo (véase capítulo 5). Uno de nosotros se sentó tranquilamente, sin hacer ruido y entonces preguntó: «¿Muy bajo?» Ella se mostró un poco impresionada, sonrió y comenzó a hablar de la programación de los cursos, sabía que nuestra cotización era razonable, dada la complejidad del programa que la empresa requería, y sabíamos que era consistente con lo que tenía planificado en el presupuesto.

En este caso, nos sentíamos muy confiados de que la directora respondería de manera positiva a nuestra broma. De no habernos conocido, habríamos actuado en forma diferente.

El punto que queremos transmitir es que los buenos negociadores están conscientes del nivel emocional de la reunión y del desarrollo de los acontecimientos; presienten el rumbo de la negociación con las pautas que se les dan. Cuando las cosas no van de acuerdo a lo planificado, ellos actúan rápidamente para romper la intensidad del ambiente y usar las estrategias de cambio antes de ser parte del problema.

Los vendedores eficaces hacen lo mismo.

Usted se sorprenderá cuando tenga la experiencia de ver la facilidad con la que usted puede hacer buenas negociaciones cuando, con liderazgo, evita que las emociones dominen la conversación en ambas partes.

CAPÍTULO 4

CÓMO PROPICIAR UNA ATMÓSFERA ADECUADA PARA HACER NEGOCIOS

AUNQUE USTED NO LO CREA, USTED PUEDE HACER SUS negociaciones más productivas si cuida unos pocos detalles al inicio de su reunión de negocios. Por más básicos que parezcan, estos detalles son muy simples y a mucha gente se les olvidan o no consideran que sean tan efectivos para crear una atmósfera óptima para negociar, y como resultado se hacen la vida un poco más difícil de lo necesario.

Vístase adecuadamente

Su vestimenta puede cambiar la percepción y el nivel de comodidad de su contraparte. Idealmente, trate de vestirse ligeramente mejor que el cliente. Vístase de acuerdo a la ocasión, si es casual, vístase formal-casual, siempre busque ir un poco más allá de lo que sea estándar. Si el cliente porta un traje de negocios, por supuesto, usted debe vestirse, al menos de igual manera. Lo que queremos establecer es nuestra seriedad y madurez corporativa a los ojos de la contraparte de un modo no verbal. De esta manera nos tomarán «en serio» y ellos comprenderán que no les hacemos perder su tiempo.

Véalo de esta manera: su ropa dice: «Pensamos y hacemos negocios como usted».

Nota: Establecer su imagen personal también crea una expectativa de su compañía y esto dice: «Soy profesional. Conozco mis negocios. Pertenezco a esta sala de juntas. Tengo productos y servicios que pueden beneficiarle».

Por supuesto, es posible que su compañía tenga establecido un código de vestimenta, el cual inclusive especifica qué puede usar en qué ocasiones; probablemente esto haga que usted no tenga tanta flexibilidad de escoger, por su cuenta, qué usar.

Actualmente, en cualquier parte del mundo, es muy común encontrar compañías que establecen políticas de vestuario. Es posible que también estas políticas cambien frecuentemente y usted debe estar al pendiente de los cambios antes de dirigirse a una junta importante. No es mal visto averiguar las costumbres de la compañía con la que va a negociar; investigue por medio del asistente o secretaria de su contraparte, inclusive directamente con su contraparte. Lo único que tiene que decir es algo como: «Tengo una reunión con la señora X el martes, y me pregunto: ¿qué tipo de código de vestir tienen ustedes en su empresa Y?» Casi siempre la gente está dispuesta a ayudar.

> **CONSEJO PARA NEGOCIACIONES PROFESIONALES**
>
> Establecer condiciones de negocios iguales es un paso decisivo al marcar las pautas apropiadas para una negociación con su cliente. (¡Eso lo logramos por lo menos con la misma vestimenta!)

Lleve el material apropiado

Así como su vestimenta, las cosas que lleva a una reunión le informan a los demás quién es usted, y seguramente quiere enviar el mensaje correcto acerca de su persona. Para negociaciones con ejecutivos de alto nivel recomendamos: portafolios de piel de alta calidad con suficiente espacio para un par de carpetas, libreta para anotaciones, calendario, calculadora, tarjetas de presentación y, por supuesto, sus notas y hojas de planificación de la reunión.

Usted deberá evitar grandes bultos, como los catálogos gigantes que muchos vendedores traen consigo, éstos le harán parecer un vendedor ambulante y ese, definitivamente, no es el mensaje que quiere enviar acerca de quién es usted o su compañía. El mismo concepto es válido para los estuches de computadoras portátiles, equipo audiovisual (proyectores, catálogos, etc.). Pueden ser grandes instrumentos de ventas, pero si no tiene cuidado, usted puede parecer un nómada que se tambalea bajo una carga de accesorios. Lleve sólo lo que necesita, guárdelo ordenadamente, de tal forma que pueda encontrarlo con rapidez. Buscar insistentemente dentro de su maletín hace que la otra parte piense que usted no es un profesional.

Cuide su comunicación no verbal

Su lenguaje corporal (véase el capítulo 6) debe reforzar, no entrar en conflicto, con la imagen que quiere transmitir. La imagen que desea reflejar es la de un profesional audaz y equilibrado que está listo, relajado, preparado para la reunión.

Usted deberá establecer contacto visual con cada uno de los asistentes al inicio de la reunión, mientras las personas se presentan. Salude con mano firme, pero que no sea un apretón de manos que le duela a la otra persona. Permanezca en pie hasta que la mayoría de la gente comience a sentarse, cuando usted lo haga, que sea de manera tal que su cuerpo quede un poco más hacia delante, no se encorve y mire a todos de manera cordial, atento a lo que dicen. Su lenguaje corporal debe decir, al unísono:

⏶ Soy profesional.

⏶ Estoy preparado, conozco este negocio.

⏶ Tengo grandes expectativas para esta reunión.

⏶ Pertenezco a esta sala de juntas.

Una nota final en referencia a la comunicación no verbal: si usted se encuentra en las oficinas de su contraparte, es muy probable que tendrá que llevar puesta, mientras esté ahí, una tarjeta de identificación que le entregan en la recepción, al momento de registrarse, casi todas las empresas las usan. El problema es que se envía un mensaje incorrecto. Piense en eso. Mientras usted hace todo lo que pueda para crear una atmósfera amistosa y colaboradora, la insignia de «invitado» alrededor de su cuello envía un mensaje inconsciente al cliente que grita: «¡Visitante! ¡Visitante! Tenga cuidado con esa persona, porque no es uno de nosotros».

Como usted no puede recorrer el establecimiento sin la insignia, ¿qué puede hacer? Recomendamos lo siguiente: póngalo en algún sitio cerca de su cintura, asegúrelo en su cinturón o en un bolsillo de lado, en su saco. De esta manera, cuando usted se siente ante la mesa de negociaciones, la tarjeta quedará escondida por el borde de la mesa o escritorio; eso anulará el mensaje subliminal.

Pudiera verse como un detalle menor, pero es el tema central de este capítulo. Estas pequeñas cosas envían un mensaje no verbal poderoso. En ocasiones es lo que usted no dice lo que habla más fuerte en su negociación.

Comentarios de apertura

Es momento de iniciar la reunión… Si mira alrededor de la mesa podrá ver caras fruncidas y lenguajes corporales rígidos, la atmósfera en la sala de juntas tal vez es de tensión. ¡Esta gente está lista para una guerra!

Como discutiremos en otras secciones de este libro, muchas personas establecen su punto de vista, demandas y expectativas en una negociación de la misma manera en la que se prepararían para una pelea. Llegan preocupados, a la defensiva, desconfiados y distantes, y esa actitud inicial no es ni la más saludable, ni establece la pauta para una buena reunión de cooperación.

Una de las razones principales por las que las personas actúan de esa manera es porque temen ser aventajados en la negociación, necesitan hacer un buen trabajo para su compañía y, por lo tanto, no quieren perder su reputación si las cosas no resultan bien. Lo que usted diga en los primeros minutos de la reunión puede que: a) relaje la tensión y cree un mejor ambiente en la sala de negociación, o b) confirme que ellos, en efecto, van a librar una batalla con usted. Obviamente la opción a) es la mejor la mayoría de las veces. Entonces, ¿qué hacer?

Le recomendamos iniciar con una declaración como esta:

Desde hace tiempo tenemos gran expectativa de esta reunión, pues este proyecto es muy importante para nosotros y sabemos que para ustedes también. Pensando en cómo podríamos trabajar juntos hemos tratado de enfocar tanto desde su perspectiva como de la nuestra, encontramos algunas áreas en las que nuestras ideas coinciden y otras en las que se parecen un poco; tenemos algunas propuestas interesantes sobre cómo este trato podría funcionar para ambas partes, estamos seguros de que ustedes también las tienen. Estamos convencidos de que existe un camino en el que podemos coincidir y hacer que este proyecto tenga la visión ganar-ganar. Tomaré notas de nuestras charlas y acuerdos para que ambos las tengamos. ¿Estamos de acuerdo? Grandioso, vamos a comenzar. Un área en la que ambos coincidimos es...

¿Qué logramos con todo eso? Examinemos lo que usted dijo, y lo que realmente quiere transmitir:

⮞ «Desde hace tiempo tenemos gran expectativa de esta reunión».

¡Nos alegramos de estar aquí! Note que usted no dijo: Gracias por tomarse el tiempo para reunirse con nosotros. El tiempo de ellos es tan valioso como el de usted (otra oportunidad de establecer condiciones de negocios en términos de igualdad).

⮞ «Este proyecto es muy importante para nosotros y sabemos que para ustedes también».

Tomamos esta reunión en serio y sabemos que usted también, no estamos aquí para perder el tiempo.

⮞ «Pensando en cómo podríamos trabajar juntos hemos tratado de enfocar tanto desde su perspectiva como de la nuestra».

Con esta afirmación acaba de tomar el control de la situación. ¡Imagínese! ¿Qué puede pasar por sus mentes si ellos no han pensado en esta reunión y usted les dice que está preparado? Con esto también les está diciendo: «No estamos aquí para tomar todo lo que podamos, hemos trabajado en esta negociación considerando sus beneficios así como los nuestros, y hemos pensado en lo que podría ser importante para ambos».

⮞ «Tenemos algunas propuestas interesantes sobre cómo este trato podría funcionar para ambas partes, estamos seguros de que ustedes también las tienen».

Nos hemos preparado para esta reunión, hemos traído ideas y sugerencias que pensamos que nos beneficiarán a ambos. Además de eso, somos receptivos a cualquier idea que tengan.

▲ «Estamos convencidos de que existe un camino en el que podemos coincidir y hacer que este proyecto tenga la visión ganar-ganar».

Queremos que cada parte esté satisfecha con el resultado; somos flexibles con las diferentes posibilidades y estamos listos para trabajar con ustedes.

▲ «Tomaré notas de nuestras charlas y acuerdos para que ambos las tengamos».

De nuevo, observe la medida de su poder, acaba de incrementarse a su favor. Tomar notas para la reunión le da un control adicional a la interpretación de la discusión y así más poder.

▲ «Excelente, vamos a comenzar».

¡Entonces veamos juntos la situación!

Obviamente las palabras que empleará en cada situación serán diferentes, pero el objetivo es el mismo. Desea transmitirle confianza a las personas del lado del comprador haciéndole saber que usted está preparado, que es receptivo a nuevas ideas, flexible, que está listo para trabajar con ellos y para llegar a una solución justa y provechosa para ambos.

Puesto que la mayoría de las personas con la que ellos tratan no iniciaría una reunión de esa manera, usted acaba de ganarle puntos a la competencia y (esperamos); de esta manera ha creado un ambiente en la sala de negociaciones más oportuno al compartir información e ideas que propicien que sea menos hostil.

➤ CONSEJO PARA NEGOCIACIONES PROFESIONALES

Marcar las pautas correctamente puede darle mayor poder al vendedor y al mismo tiempo ofrece una atmósfera de colaboración.

¿Cómo saber que su método ha funcionado?

Es muy fácil. Si usted hace un buen trabajo al establecer el ritmo de la reunión, verá cómo los participantes estarán visiblemente más relajados. Los hombros bajarán, las expresiones faciales van a suavizarse y el nivel de tensión en la sala disminuirá. Con estos sencillos consejos usted ha puesto las bases para que la negociación sea de mayor calidad y colaboración. Tenga cuidado: Si en la reunión el anfitrión es el cliente, ya sea en su oficina o en la sala de juntas, es muy probable que él quiera iniciar la reunión. Eso está bien. Déjelo decir lo que quiera y luego haga usted su declaración de apertura.

Le asombrará ver cómo algo tan simple puede cambiar la dinámica de la reunión. Los buenos negociadores toman muy en cuenta los detalles.

Una idea muy buena es practicar su declaración de apertura unas cuantas veces durante el tiempo en que se prepara para la negociación. El objetivo es comunicar sus propósitos de colaborar asumiendo el control hasta el final, sin que parezca falso o luzca como una grabadora; ensáyelo con un colega para asegurarse de que lo puede comunicar tal como lo pensó.

CAPÍTULO 5

VENZA LOS MALOS HÁBITOS QUE LOS COMPRADORES APRENDEN «EN LA ESCUELA»

PODRÍAMOS APOSTARLE CON SEGURIDAD QUE MIENTRAS usted lee este capítulo, en algún lugar debe haber un cuarto lleno de aspirantes a agentes de compras entrenándose en las oscuras artes de las tácticas del comprador. Hace años, ese tipo de formación era la única norma e interés de las más grandes organizaciones. Actualmente, pequeñas y medianas empresas utilizan de manera estándar (y como rutina) este sistema como parte de los talleres de orientación a nuevos agentes de compras en entrenamiento.

¿Por qué es que las corporaciones, que tienen fama de seguir un elevado estándar de ética y responsabilidad, entrenan a sus empleados para que sean manipuladores y engañosos? ¡Porque eso da resultados! Día a día vemos como en todas las compañías incrementa de manera uniforme el proteccionismo hacia los márgenes de ventas. Las diferentes tácticas se enfocan a funcionar como ventaja durante las negociaciones con proveedores. En muchas ocasiones éstas son diseñadas para desequilibrar la estrategia de la contraparte, poniéndolos nerviosos, haciéndolos sentir fuera de lugar y sin estructura.

Como expresamos en capítulos anteriores, y vale la pena repetirlo, las empresas saben que los vendedores han sido entrenados para desarrollar relaciones con sus clientes. A los vendedores se les enseña a nutrir esas relaciones y usarlas para ayudar a vender sus productos y servicios. Hay compañías que se preocupan por establecer relaciones con sus proveedores, éstas les impiden ser objetivos en su única meta: tener el mejor trato en su lado de la mesa.

Para responder a esa posibilidad, muchas compañías toman medidas drásticas para que sus compradores y proveedores no establezcan situaciones que propicien relaciones cercanas e incluso la amistad. Algunas empresas establecen sistemas de rotación de personal, así, cada determinado tiempo cambian las responsabilidades de sus compradores de manera que los vendedores siempre visiten a alguien nuevo. La mayoría de las compañías ha reducido el tipo de regalos que sus agentes de compras pueden aceptar, así como invitar o aceptar almuerzos, viajes y boletos de entrada a eventos deportivos, de manera que este tipo de prácticas se vuelven esporádicas, si no es que inexistentes.

Además de esas medidas, muchas compañías entrenan a su equipo de agentes de compras en el uso de tácticas para interrumpir y desencarrilar completamente las presentaciones de los agentes de ventas. A través de los años hemos visto una cantidad creciente de técnicas, pero todas tienen el mismo objetivo: lograr la concesión.

> ➤ CONSEJO PARA NEGOCIACIONES PROFESIONALES
> Las tácticas están diseñadas para ganar poder, fuerza adicional o una ventaja injusta en una negociación comercial. En pocas palabras, todas son usadas para ganar una concesión de su contraparte.

Aplicadas de manera adecuada, las tácticas pueden ser altamente efectivas. Hay innumerables tácticas que podríamos mencionar en este libro, sin embargo, en este capítulo, identificaremos y hablaremos sólo de trece de las más comunes empleadas por los compradores. Más importante aun, estudiaremos las técnicas de contra-ataque que son más apropiadas para cada una de ellas.

Entre más conocimiento tenga, logrará estar preparado para enfrentar esas tácticas, de manera que usted podrá demostrar su liderazgo y control en la sala de negociaciones al mismo tiempo que esto le minimizará cualquier miedo y le permitirá reconocer y lidiar con las técnicas de manera relajada y profesional. Si ha estado trabajando como vendedor por algún tiempo, reconocerá algunas o tal vez todas las que discutiremos a continuación.

Veamos:

Táctica # 1: El anzuelo

Por lo general, usted observará esta táctica al final de la negociación. Casi siempre cuando se han puesto de acuerdo en todos los puntos principales del trato y el comprador se prepara para firmar el contrato; cuando el comprador literalmente ya está con pluma en mano sobre el papel, levantará su cabeza y dirá algo como:

«Nuestros socios comerciales más importantes han estado de acuerdo con planes de pago de noventa días. Esto estaría bien, ¿verdad?» o «Esto incluye el flete gratis, ¿verdad?» o, «¿Por qué no incluye un paquete de piezas de repuesto gratis?»

Usted entiende la idea. Un anzuelo es algo pequeño (para que el pez muerda). El objetivo del anzuelo es agarrar al vendedor en su máxima vulnerabilidad y aprovechar su impaciencia -debido a que el trato no se ha cerrado-, para que otorgue una última concesión o dos. Desde el punto de vista del vendedor, esta es un arma de doble filo; si él acepta, regala algo que no había planeado dar. Esto podría ocasionarle un problema en la oficina, y por otro lado, si dice que no, puede hacer que el trato no se firme. Lamentablemente esto empeora el asunto. El pobre vendedor, presionado, respira profundo y está de acuerdo con el anzuelo; independientemente de lo que éste haya representado, el comprador seguramente ha sido entrenado para seguir pidiendo algo más. Doloroso, ¿verdad?

Estrategia de contra-ataque

Como con la mayoría de las negociaciones, la clave está en planificar por adelantado. Es bueno suponer siempre que lo harán «morder» al final de cada negociación relevante. Los grandes negociadores lo saben y reúnen una lista de «contra-anzuelos» (de ahora en adelante, llamaremos así a las tácticas contrarias a la conocida como «el anzuelo»). En otras palabras, debe hacer una lista anticipada de las cosas con las que cuenta, por si el anzuelo se presenta.

Revisemos el escenario:

Gerente de compras: «Esto incluye el término de pago de noventa días, ¿verdad?»

Vendedor: Si pudiese hacerlo, ¿usted me podría dar 40% (en lugar del 20% habitual) para su primer pago?

Observe que el vendedor no ha dicho sí o no. Pidiendo algo del valor aproximado o igual al intercambio, el vendedor desvía la petición sin regalar algo ni hacer que el comprador se avergüence.

Gerente de compras: No importa, sólo hagamos el trato como lo habíamos acordado.

Esta estrategia de contra-ataque es tan eficaz porque, por definición, el anzuelo no es importante para el comprador. Si lo fuera, estaría ya en el trato. El comprador trata sólo de usar la impaciencia del vendedor para conseguir una o dos concesiones más. Cuando el vendedor pide una retribución, el comprador volverá casi siempre a los términos del trato original porque eso, en primer lugar, es lo realmente valioso para él. Si el vendedor planifica bien, el comprador estará de acuerdo con la retribución, con lo cual ambos conseguirán lo que desean.

> **CONSEJO PARA NEGOCIACIONES PROFESIONALES**

Es difícil responder con «contra-anzuelos» apropiados por lo sorpresivo del momento. Es mucho más fácil reunir una lista de cuatro o cinco «antídotos» potenciales mientras usted planifica la reunión.

Táctica # 2: El radar

Como táctica de negociación, el radar es por lo general un número lanzado por el comprador, luce de esta forma: «A nosotros realmente nos gusta hacer negocios con su compañía, ustedes tienen excelentes productos y servicios, queremos que consigan este proyecto. (¡Aquí viene!) El problema es que sólo tenemos X para invertir».

Naturalmente, X equivale a menos de lo que usted quiere obtener de este paquete en particular, sea de bienes o servicios. Lo que hace que esta táctica funcione es que aparenta ser muy atractiva y de cooperación (a futuro). ¡A ellos les gusta su compañía! ¡Quieren hacer negocios con usted! Simplemente no pueden pagarle lo que sus productos cuestan en el mercado.

Es asombroso ver cuántos vendedores se enamorarán de este gesto y volverán a sus compañías con una lista entera de motivos por los que deben de tomar el trato. Por lo general sus argumentos se centran en «tener un pie en la puerta de esa compañía» o «dejar a todos los demás competidores fuera».

Ese es el objetivo de esta táctica: conseguir que el vendedor trabaje en nombre del comprador para ayudar a justificar la fijación de precios fijos más bajos.

Estrategia de contra-ataque

Corroborar es lo primero que usted debe hacer cuando el comprador menciona eso. ¿Es el radar verdadero? Es decir, comprobar si la compañía en realidad sólo tiene X para gastar o el comprador está pescando a su favor. Por lo general preguntas sin límites determinados pueden arrojar luz sobre lo que en realidad está sucediendo. Por ejemplo, el vendedor podría preguntar: «¿De dónde viene este número?» o «¿Es este su presupuesto total para el proyecto o tiene un funcionamiento adicional si podemos garantizarle una buena ganancia a su inversión?» o «¿Cuándo termina su año fiscal?»

Usted nos entiende. Si después del interrogatorio determina que el uso de un objeto en el radar era sólo una estrategia y que en realidad hay más dinero por obtener, entonces continúe firme en su propuesta. Por otra parte, si el objeto en el radar es un número verdadero en el presupuesto, entonces usted tiene trabajo por hacer.

A estas alturas del trato es posible que usted quiera modificar la forma del trato, a fin de encajar en el presupuesto del comprador sin dañar sus propios márgenes. Usted puede hacer lo siguiente:

- ⋏ Cambiar la extensión del trato. Puede ajustar la meta de su cotización para adecuarse al presupuesto del cliente.

- ⋏ Cambiar de horario. Averigüe cuál es el presupuesto anual de su cliente y vea si puede hacer su proyecto en fases, de manera que coincidan con los nuevos períodos de financiamiento para el presupuesto.

- ⋏ Tener alternativas. Ofrézcale al comprador más de una forma de obtener el trabajo terminado. Cada vez que usted tenga a un cliente tratando de decidir entre las opciones que le ha dado y no sólo entre la competencia y usted, ha ganado terreno y está un paso adelante.

No caiga en la trampa del radar. Sólo porque su cliente quiera gastar X no significa que usted tiene la obligación de bajar el precio de sus productos.

Táctica # 3: El apretón

Hemos enseñado herramientas de negociación por todo el mundo y hemos visto usar esta táctica en todas partes. En español, esto se reduce a ocho palabras: «Usted tendrá que hacer algo mejor que esto».

Lo que esto implica es que no hay ninguna razón para continuar la discusión a menos que usted, como vendedor, haga una especie de concesión. La razón por la cual esta táctica es tan eficaz es porque la mayoría de los vendedores no pueden resistir la tentación de preguntar: «¿Qué tanto menos debo ofrecerle?»

¡Esto es exactamente lo que no debe hacer! Si usted pregunta, el comprador con toda seguridad le propondrá un número (por ejemplo: 10.000 dólares, o el 15%), y luego usted tendrá que encontrar una forma de lidiar con ese número. Usted ya no hablará del valor o las ventajas, ahora está en una situación de desventaja en la que básicamente usted está regateando a sí mismo.

Estrategia de contra-ataque

En una situación así, como vendedor, estará en una mejor posición si evita la trampa, diga algo como: «Nuestra oferta es muy competitiva con respecto a lo que vemos en el mercado en un trato como este, ¿por qué no me dice con quién nos compara?» Este tipo de intercambio de respuestas, con más preguntas, le beneficia a usted porque así sigue vendiendo el valor o el reembolso de su oferta. Además, le dará la oportunidad de marcar las vías importantes en las que su oferta se diferencie de la de su competidor. ¡No caiga en la trampa! Nunca... nunca pregunte: «¿Qué tanto menos debo ofrecerle?»

> ➤ **CONSEJO PARA NEGOCIACIONES PROFESIONALES**
>
> Algunas tácticas, como la de «el apretón», han sido creadas para que el vendedor, en realidad, caiga en la trampa de regatear ¡consigo mismo!

Táctica # 4: Presión de tiempo

Esta táctica casi siempre se presenta en una de dos formas: usted llama a su cliente (larga distancia) y acuerda una cita para una reunión, se traslada a la oficina del cliente y después de intercambiar saludos, él le pregunta: «¿A qué hora es su vuelo de regreso?» Usted responde: «A las cuatro».

El cliente entonces le dice: «Grandioso, ¿por qué no le mostramos la compañía, damos una gira por la planta, le mostramos lo que hacemos aquí y hasta conoce algunos empleados?» Usted accede y pasa los siguientes noventa minutos recorriendo la compañía, el cliente le dice: «Es casi mediodía, ¿por qué no tomamos algo para comer y luego hablamos sobre la negociación?» Usted está de acuerdo y se van a almorzar, cuando regresan, usted mira su reloj y se da cuenta de que es casi la una y no ha comenzado a hablar de su proyecto.

En su mente, visualiza las largas filas que tendrá que hacer para pasar los puestos de seguridad en el aeropuerto y todas las complicaciones que experimentaría si llegara a perder su vuelo; usted alquiló un auto al que tiene que llenarle el tanque de gasolina antes de entregarlo, debe estar en camino aproximadamente en treinta minutos y apenas está abriendo el maletín. ¡Usted está bajo presión de tiempo! Cuanto más lejos de casa se encuentre, esta táctica es mucho más eficaz. El objetivo del comprador, por supuesto, es consumir por completo cualquier cantidad de tiempo para discutir acerca de los méritos y el valor de su proyecto. El comprador quiere dejarlo con el tiempo justo para que usted le dé su mejor precio y hacer que usted literalmente corra de la oficina al aeropuerto para alcanzar su vuelo.

Hace un tiempo, un compañero de negocios nos habló acerca de un proyecto en el cual una compañía japonesa usó esta táctica con eficacia. El vendedor, una compañía de construcción estadounidense, envió a un equipo a Japón durante dos semanas para hablar de los términos de un proyecto de construcción de una planta química en las afueras de Tokio. Los japoneses fueron excelentes anfitriones, con toda la hospitalidad que ellos suelen ofrecer; los llevaron, durante diez días a los lugares turísticos más importantes: las pagodas, los lugares sagrados, el monte Fuji, bares con karaoke, ¡lo mejor! En el penúltimo día se dieron cuenta de que tenían un trato muy complicado para discutir y no disponían del tiempo suficiente para ello.

Al final, los estadounidenses consiguieron el negocio, pero dejaron demasiado en la mesa y negociaron el trato a un precio muy bajo, fueron víctimas de la táctica de presión de tiempo. Cuando al fin lograron aclarar todos los problemas técnicos, ya no tenían tiempo para justificar los márgenes que típicamente lograban recibir. Pusieron un precio muy bajo y salieron corriendo hacia el aeropuerto.

Estrategia de contra-ataque

La mejor forma de desviar esa clase de presión de tiempo es no reconocerla. Cuando le pregunten: «¿A qué hora es su vuelo?», conteste algo como: «Este es un trato importante para nosotros, estaré aquí todo el tiempo que sea necesario para asegurarme de que usted tenga toda la información que necesita para tomar una buena decisión».

Habrá ocasiones en que usted tendrá que decir que realmente tiene un avión que tomar y otras citas que atender. Por supuesto que las tiene. El punto no es que usted no tenga la presión de tiempo, todos la tenemos, simplemente no les deje saber a ellos que la tiene, nunca.

Cuando el cliente diga: «Vamos a hacer un tour por la planta», puede responderle: «Tengo muchos deseos de conocer su compañía y sus empleados, pero la razón principal por la cual estoy aquí es para hablar de este negocio, y pienso que deberíamos hacer esto primero, después podemos recorrer la planta».

De esa manera, usted declina cortés pero firme y decide no participar en el juego de la presión de tiempo.

Hay otra manera que los compradores pueden usar la presión del tiempo con usted. Digamos que está conduciendo su vehículo tranquilamente y su teléfono celular suena; es su nuevo cliente y le dice: «Me alegra haberlo encontrado. Nos preparamos a entrar en una reunión y tomar una decisión en el proyecto ACME, tengo que estar seguro de que poseo su mejor oferta. ¿Está seguro de que me ha dado su mejor precio?»

¡Caramba!, el proyecto ACME... Usted no tiene la oferta ahí mismo, pero está realmente seguro de tener 5% suplementario por si acaso lo llegase a necesitar, esto afectará mucho su comisión, pero no quiere perder el trato, entonces le da el descuento. El comprador le agradece y dice que le avisará con respecto a lo que suceda.

Lo que pasa por lo general es que el comprador le llamará dos o tres semanas después y le dirá que la compañía se prepara para darle curso al proyecto ACME y quieren que usted los visite y hable de su oferta. En otras palabras, no había ninguna reunión anterior para decidir el trato. ¡Usted cayó en la trampa!

El objetivo de esta táctica, como la mayoría de las demás, es desequilibrarlo al tenerlo fuera de ritmo y asustándole con el supuesto de una decisión repentina, el comprador trata de tomarlo desprevenido y hacer que usted reduzca el precio de sus productos o servicios.

Estrategia de contra-ataque

La verdad es que la mayoría de las compañías no toman decisiones repentinas en cuanto a gastos significativos, sino que siguen un protocolo. En ese caso, es esencial que se mantenga calmado y se dé un tiempo para pensar.

Usted puede decir algo como: «Caramba, me agarró desprevenido, estoy en medio de algo; necesito unos minutos para examinar nuestra oferta y asegurarme de que usted obtendrá el mejor trato. Dígame el número telefónico en el que lo puedo localizar, para devolverle la llamada después de que haya revisado sus documentos».

Ahora tiene el tiempo para tranquilizarse, examinar su oferta y pensar en cómo quiere responderle al comprador. El punto aquí es que no debe sentir pánico, de manera que evite a toda costa hacer algo que lamente después. Está en una posición adecuada para tomar una decisión correcta, si puede hacerla tranquila y racionalmente en lugar de hacerlo súbitamente y bajo presión.

En esta táctica también hay un elemento de poder. Piénselo, si responde a la demanda de un precio menor al instante, ¿no le muestra al comprador que él tiene más poder que usted? Entonces esta técnica (tomarse el tiempo para pensar en la proposición y luego devolver la llamada del comprador) no sólo le permite que piense en el trato, sino que también nivela el movimiento de poder del comprador. Inténtelo. Le gustará experimentar esa sensación de igualdad de poder con el comprador.

Táctica # 5: El arenque rojo

El término «arenque rojo» proviene del deporte de la cacería de zorros. La caza del zorro es realmente una excusa para una fiesta, la que se acaba cuando los perros capturan al zorro. A los árbitros de la realeza no les tomó mucho tiempo comprender que necesitaban encontrar una manera de mantener a los perros lejos del olor del zorro, por un tiempo, para que la gente disfrutara de la fiesta. Su solución era arrastrar un pescado (el arenque rojo se caracteriza por su fuerte olor) a través de las rutas que se recorrieran, antes de que la caza empezara. Cuando los perros detectaban el fuerte olor de pescado en el bosque, se desorientaban y los mantenía alejados de las rutas del juego; eso extendía la fiesta en el castillo y mantenía a todos (menos al zorro) felices.

En el ambiente de los negocios, el arenque rojo actúa como una cortina de humo y se presenta típicamente de esta manera: usted se sienta con un cliente a discutir su propuesta y él le dice: «¿Recuerda el problema que tuvimos hace dos años cuando usted entregó tarde los suministros a la planta de Phoenix? Tuvimos que contratar empleados para cubrir dos turnos más y calculamos que perdimos alrededor de 50.000 dólares debido a eso. Recuerda la pérdida que tuvimos en ese trato, ¿verdad?»

La clave aquí radica en los *dos años*. Si su cliente trae algún problema del pasado en un intento por obtener una concesión de precio en el trato actual es posible que esté utilizando la humosa táctica del arenque rojo. Si aquel problema tuvo una importancia real, él no habría esperado dos años para pedir una compensación.

El arenque rojo se emplea de dos maneras diferentes: es un intento de traer a la luz algo del pasado para intentar conseguir una mejor concesión en el trato actual al hacerle sentir mal a usted (o a su compañía), o puede ser utilizado como una táctica dilatoria, en la que pide algo que sabe que usted no puede dar ahora ni más adelante.

Su cliente puede, inclusive, hacerle peticiones o demandas que sabe que usted tendrá que denegar (arenques rojos), le ofrecerá dejar de pedirle si y sólo si les da algo más (lo que en verdad quiso desde el principio). Se supone que usted debe sentirse culpable de hacer concesiones o sentirse tranquilo de no tener que darle al cliente lo que le ha estado pidiendo desde el principio.

Estrategia de contra-ataque

Lo mejor para usted en este punto es reconocer el incidente, independientemente de lo que sea, y sacarlo del juego de la negociación actual. Usted puede decir algo como: «Sí, recuerdo cuando eso ocurrió, y me parece que ambos teníamos ciertos problemas con ese negocio en particular. Si gusta, podemos volver a analizarlo; sin embargo, lo que sucedió no tiene nada que ver con la oferta de la que hablaremos *hoy*. Vamos a trabajar con lo que hoy nos compete y después, si le parece, podemos negociar acerca de la situación de Phoenix y decidir qué hacer al respecto».

Para evitar esa táctica, cuando se refiera a un problema anterior, usted debe poner de lado el arenque rojo y separarlo de su negocio actual. Si la situación realmente es una cortina de humo, entonces seguramente se desvanecerá sola; a veces, usted tendrá que tratar con el asunto. Sin embargo, en cualquier caso, le convendrá analizarlo en un momento que no interrumpa la negociación actual.

Cuando sea usada como táctica para retrasar un proceso, usted utilizará la misma técnica de dejarlo a un lado, pero hágalo lo más pronto posible, para evitar retrasos. Hay cientos de ejemplos de arenques rojos usados como carnadas en negociaciones internacionales, probablemente las más famosas fue la que se usó en las negociaciones de paz, al final de la guerra de Vietnam. El grupo que representó a Vietnam del Norte insistió que la forma de la mesa de negociaciones debía ser circular, de esa manera todos los involucrados (incluso el Vietcong) serían vistos como participantes «iguales».

El grupo que representó a Vietnam del Sur insistía en una mesa rectangular porque cierto rectángulo podría mostrar dos lados distintos al conflicto, el Norte y el Sur. Finalmente llegaron a un acuerdo en el cual delegados del Norte y Sur se sentarían en una mesa circular, con la representación de todos los miembros, y otros grupos se sentarían en mesas cuadradas individuales alrededor de ellos.

Muchos eruditos creen que los vietnamitas del Norte eran los instigadores de esos famosos debates sobre la forma de la mesa, pero en realidad fue el primer ministro de Vietnam del Sur, Nguyen Cao Ky quien quiso extender los debates hacia el final de las elecciones estadounidenses porque no estaba de acuerdo con la insistencia del Presidente Johnson de que los miembros del Vietcong se sentaran en la mesa de negociación como iguales. La discusión sobre la forma de la mesa fue exitosa para que los representantes del Sur consiguieran su propósito final (los retrasos) concentrándose en un aspecto relativamente pequeño e irrelevante de la negociación. En una negociación de ventas, un comprador podría insistir que su compañía consiga tres años de garantía en su producto, aunque eso no sea lo común en la industria.

Pase lo que pase, lo que usted diga o haga no lo persuadirá de su demanda; en su desesperación, usted ofrece otro 5% de rebaja para cerrar el trato. El comprador rápidamente abandona su demanda de garantía por tres años y toma el descuento de 5%. ¿Le parece familiar este ejemplo? Usted ha sufrido estos finales provocados por un arenque rojo.

Táctica # 6: Autoridades superiores

Esta es una táctica clásica y nuestros amigos de las agencias de autos son maestros en su práctica. En la realidad, por lo general se presenta de esta forma: usted labora por lograr un acuerdo con el comprador; todo va bien, ambos concuerdan en los términos del negocio y finalmente usted le da la mano para cerrar el trato. Usted se recuesta en su silla y comienza a relajarse, el vendedor dice algo como: «Todo está bien, ahora sólo tengo que mostrárselo a mi jefe».

¡Eh! ¿Cuál jefe? Usted pensó que el comprador tenía autoridad para hacer el trato. ¿Cuáles son las probabilidades de que el tipo detrás de la cortina le guste el trato? Ninguna.

Esa táctica está diseñada para darle al comprador un golpe más en el trato después de que usted ha puesto lo que creía que era su mejor oferta en la mesa. El comprador va a dejarle que se consuma por un tiempo y luego volverá para decirle: «Roberto dice que estamos muy cerca. Descontemos otro 3% y el trato es suyo». ¿Qué debe hacer ahora?

Estrategia de contra-ataque

La mejor forma de contrarrestar esta táctica es detenerla de frente. Durante el proceso, y con anticipación, usted debe averiguar quién toma las decisiones finales; por lo general no es cortés preguntar: «¿Tiene usted la autoridad para hacer este trato?» Pero es absolutamente aceptable preguntar: «Además de usted, Sara, ¿quién participará en esta decisión?»

Si Sara le dice que Janet y Roberto tienen que aprobarlo, seguramente quiera tenerlos en la mesa cuando se prepare para la negociación final. Usted nunca debe poner su mejor oferta sobre la mesa en ausencia de los que tienen la decisión final, si no pueden incorporarse a la reunión por alguna razón, reserve algo para la ineludible demanda de ellos al final.

Por ejemplo, usted podría estar listo para notificar el incremento de precios con noventa días de anticipación o mantener un inventario personalizado dentro de su bodega. Esas concesiones pueden costarle a su compañía muy poco, pero pueden ser «los grandes contra-mordiscos» si las ocultas «autoridades superiores» exigen más concesiones.

A veces los compradores no juegan limpio. Uno de ellos puede decirle a usted que él tiene la autoridad de hacer el trato y después intentar sorprenderle al final, maniobrando con las autoridades superiores. Usted tiene que hacer su tarea. Si sabe por otros proveedores o por su propia historia con esta compañía que el comprador probablemente trabaje de esa forma, puede estar listo para enfrentarlo.

Usted puede ocultar algo o puede solicitar que Janet y Roberto (o la gente que se requiera) se incorporen a la reunión cuando usted perciba que esta táctica está siendo utilizada. Usted puede decir: «Con el fin de ahorrar tiempo y reducir la confusión, ¿por qué no los traemos para que sean parte de esta reunión y podamos resolver esto sin tanta conversación que no nos lleva a ningún lado?»

O usted podría pedirle al comprador que lo acompañe cuando le lleve su oferta «a su jefe».

El objetivo principal aquí es que usted no quiere perder su tiempo en la sala de conferencias mientras el comprador y su jefe hablan de un popular programa de televisión, o algo parecido. Averigüe quiénes son las personas que tienen autoridad para tomar la decisión final y negocie con ellos cara a cara.

Hablemos de un ejemplo de la vida diaria:

Anteriormente señalamos a nuestros amigos los distribuidores de autos como practicantes eficaces de esta táctica. Ellos le dejarán por un tiempo mientras su vendedor o el encargado de ventas pretenden hablar de su trato; lo más seguro es que estarán sentados en un pequeño cubículo hablando de fútbol, el clima, o el viaje del próximo fin de semana. Sólo toma un minuto o dos para que el encargado de ventas revise el trato y decida qué hacer. Además de las ventajas de la táctica de las autoridades superiores (en la que el vendedor no es el que aceptaría su oferta, sino que él «está de su lado y le recomendará a su jefe el mejor trato para usted»), hay otra ruta que el distribuidor de autos está buscando. Ellos saben que mientras más tiempo usted invierta en el trato, menos probabilidad hay de que se vaya y quiera comenzar este proceso de nuevo en otro lugar.

Cuando esto suceda, usted puede manejar esta táctica: cuando el vendedor tome su oferta, solicítele que el encargado de ventas venga al escritorio donde están, pídale acompañarlo con el encargado de ventas. Si el vendedor dice que el encargado de ventas está demasiado ocupado, escriba su número de teléfono en la hoja de oferta y levántese. Mire al vendedor a los ojos y dígale: «Por favor, dígale que me llame cuando no esté tan ocupado». Y camine hacia la puerta. Podemos garantizarle que usted estará delante del gerente en menos de cinco minutos.

La táctica de las autoridades superiores es muy eficaz porque produce cierta ilusión de que la persona con quien usted trata tiene una actitud de colaboración y empatía.

La persona detrás de la cortina es «la mala». ¡No caiga en esa trampa! Averigüe quién es la persona con la cual usted realmente tratará y consiga que esté en la mesa de negociaciones.

Táctica # 7: Divida la diferencia

Todos ustedes, C4, pongan atención porque son los más vulnerables. Esta táctica es seductora porque parece justa y razonable: «Vamos sólo a dividirnos la diferencia y terminar con esto». Hay varios problemas potenciales con este método y usted tiene que estar al acecho de todos ellos:

- El margen es demasiado amplio. Si la diferencia entre lo que usted pide y lo que el comprador quiere pagar es demasiado grande, usted arriesga mucho aceptando la mitad. Recuerde, es su margen el que pierde.

- Hay muchos riesgos. Usted no puede comprometer algunas cosas: la política de la compañía, las cuestiones legales, de seguridad y los aspectos morales son áreas en las que el compromiso puede traerle ciertos problemas.

- Esto es una trampa. Digamos que su precio inicial es 10.000 dólares, y el comprador quiere pagar 8.000, después de un tiempo de conversación, el comprador dice: «Esto no nos lleva a ninguna parte, ¿por qué no dividimos la diferencia y seguimos?»

Parece razonable, ¿verdad? Digamos que usted esté de acuerdo. En primer lugar, son 9.000 dólares y usted sólo concedió 10% del trato, quedando un porcentaje mayor al margen de su compañía; lo peor es que, si no tiene cuidado, estará discutiendo otros aspectos involucrados en la transacción. No pasará mucho tiempo antes de que usted se encuentre en otro aprieto, a estas alturas, el comprador le dirá: «Tengo otras cosas que hacer hoy, no puedo gastar más tiempo en este asunto, ya estamos bastante cerca; ¿por qué no sólo dividimos la diferencia y seguimos adelante?»

¿Qué es lo que sigue? Si no tiene cuidado, va a bajar su precio de 9.000 a 8.500 dólares. ¿Cuál es el margen que ha bajado usted? Unos 1.500 dólares. ¿Cuánto ha escalado el comprador? 500 dólares. ¿Tiene usted un trato? Aún no. ¿Quién gana aquí?

Estrategia de contra-ataque

No nos gusta dividir la diferencia como un instrumento de negociación. Si usted tiene tiempo, casi siempre tiene una alternativa mejor, el problema con este método es que ambas partes (en particular el vendedor) tienen que ceder algo, y uno de los dos va sentir que cedió mucho o que no obtuvo lo suficiente.

Sugerimos que responda a una petición del comprador para dividir la diferencia diciendo algo como esto: «Podríamos hacerlo, pero no estoy muy seguro de que sea la mejor solución para ambos, ¿por qué no seguimos trabajando en esto y vemos si podemos llegar a una solución en la que los dos podamos ganar?»

Bien, dice usted, pero a veces no hay tiempo y tiene que cerrar el trato. ¿Debe dividir la diferencia entonces?

Sí y no. Usted no puede comprometerse en asuntos legales, éticos ni en materia de política de la compañía, o estará en serios problemas. Usted puede dividir la diferencia con el fin de hacer el trato, pero sólo en las condiciones siguientes:

1. Si el margen es relativamente corto y el resultado negociado es aceptable para su compañía.
2. Si divide la diferencia sólo esta vez.
3. Si dividir la diferencia es la condición para cerrar el trato, por lo cual dirá: «Si nosotros podemos lograr esto, ¿entonces firmaríamos el trato ahora mismo?»

De nuevo no recomendamos dividir la diferencia en las negociaciones, pero si tiene que hacerlo, debe estar seguro de que sus ojos están bien abiertos. No muestre una calma aparente para complacer a los demás y parecer colaborador.

Táctica # 8: Vacile

Esta táctica es la esencia de la simplicidad y, en el fondo, es una postura no verbal. Y se presenta así:

Le han pedido que presente una propuesta para un negocio. Durante el día designado, usted llega y se sienta con el comprador para hablar del trato; usted saca la oferta de su portafolios y la desliza sobre la mesa al comprador, que de inmediato lee la última página, mira la cotización y gruñe. Puede que hasta se hunda en su silla y cubra su cara con una mano. ¡Ja!

Sus acciones y lenguaje corporal le comunican cuánto le decepciona su oferta; en efecto, en lo personal le perjudica su precio. Como profesional de ventas, usted siente que la relación que han cultivado cuidadosamente está en peligro, tiene que actuar rápido para poner las cosas en su lugar. ¿Verdad?

¡No! Él sólo está actuando; el objetivo de estas escenas de teatro es que usted haga algo precipitado. Piense lo que realmente sucede aquí: el comprador pidió una oferta y usted le presenta una propuesta. Es la naturaleza del negocio. Su precio puede o no estar de acuerdo con las expectativas del cliente, pero no es cierto que cualquier precio causaría tal reacción en el comprador. Algunos compradores son tan buenos actores que podrían ser nominados para los «Premios de la Academia» por su excepcional actuación en una situación de negocios.

Estrategia de contra-ataque

Como la estrategia en sí misma, la contra-táctica al hecho de vacilar es increíblemente simple. Puesto que en realidad usted no le ha hecho daño al comprador, no hay necesidad de que haga algo.

Así es, siéntese y espere que el comprador diga algo. Lamentablemente demasiados vendedores no pueden mantener conversaciones calmadas, quieren brincar, decir o hacer algo para restablecer la relación; eso es exactamente lo que no debe hacerse, ya que por lo general implicará regalar algo con la esperanza de reconciliarse. Si simplemente se sienta y lo espera, tarde o temprano él entenderá que usted no va a caer en su juego, entonces él comenzará a hablar de su oferta y usted puede seguir la negociación.

Los compradores saben que los vendedores han sido entrenados para nutrir y mantener buenas relaciones personales con ellos; si pueden convencer al vendedor de que la relación está en peligro debido a algo en la oferta, saben que el vendedor podría comenzar a hacer concesiones a fin de sanar la relación interpersonal.

Ignore el hecho de que vacila. Siéntese silenciosamente, mantenga el contacto visual y deje que el comprador vaya primero.

Táctica # 9: El falso cierre

Con esta táctica, después de un período de negociación, el comprador lo mira a usted y le dice: «Olvídelo, este trato no se va realizar, puede irse a su casa». Hasta puede levantarse para señalar que la reunión ha terminado. Con frecuencia, es difícil saber si la negociación está realmente estancada o si es sólo una táctica para asustarle y presionarle a hacer algo que no debería. En la mayoría de los casos, usted debe saber si realmente ha avanzado. Cuando las cosas se detienen completamente, sin previo aviso, usted está siendo víctima de la táctica del falso cierre. El mensaje a usted, vendedor, es muy claro: ¡Va a perder este trato!

Estrategia de contra-ataque

Si el cierre es falso o verdadero, usted tiene que hacer algo y pronto, pero no reaccione demasiado rápido pensando que reducir su precio es la solución. A continuación veamos algunas cosas que puede hacer sin meterse en problemas:

- Descansar un rato. A veces un receso de quince minutos cambia la atmósfera y la dinámica de una negociación. Cuando las partes toman un descanso para hablar del trato, la mayor parte de la tensión y frustración se evaporan; a veces se presentan nuevas alternativas que no eran aparentes antes del receso.

- Cambie de lugar. Si usted está en una sala de conferencias o en una oficina, busque que esta reunión se cambie al cuarto de descanso o salgan a almorzar, renegocie que la reunión se dé en un lugar neutral para ambos.

- Usar una tabla de datos tipo «T». Escriba en la parte izquierda los asuntos que han sido resueltos y a la derecha los que quedan pendientes. Si la lista de asuntos resueltos pesa más que la otra lista, usted obviamente ha avanzado.

⅄ Cambie la forma o el alcance del trato. Quizá el proyecto pueda ser programado en fases que coincidan con la financiación de los períodos presupuestarios del cliente. Tal vez el alcance pueda ser reducido para ajustarse a la necesidad del cliente y todavía ganarle. A veces sólo uno o dos asuntos son los que bloquean el trato. Si es posible, sáquelos y haga que sean parte de alguna futura negociación.

⅄ Cambie de personal. Muchas veces uno o varios individuos en la mesa están siendo insensatos; si los líderes de equipo de ambos lados tienen una buena relación laboral, podrían acordar prescindir de quien representa un obstáculo en el trato.

⅄ Utilice un mediador. En las transacciones grandes, a menudo vale la pena incluir a un tercero para mediar en cualquier diferencia que surja.

⅄ Haga una concesión. Si algo es importante para la otra parte y no es muy significativo para usted, podría concederle eso a fin de conseguir que avance. Acuérdese de pedir algo, por lo menos algo mínimo a cambio.

No entre en pánico. Si se aterra, es probable que más adelante se arrepienta; esto es el todo de esta táctica. La calma es importante, hágale saber a su cliente que usted sabe que hay una solución para el problema y que está convencido de que habrá un resultado en el que todos saldrán ganando.

Táctica # 10: El selectivo

En uno u otro momento, por lo general, algún vendedor cae ante esta táctica. La podemos ver manifestada de esta manera:

Usted le ha dado una cotización de una serie extensa de productos o servicios, y el comprador le dice: «Felicitaciones, hemos seleccionado su compañía para suministrarnos artefactos para el proyecto Framingham. Desde el momento en que usted nos presentó su oferta hemos reducido el alcance del proyecto y necesitaremos sólo quinientos artefactos para esta fase, a diferencia de los treinta mil que al principio consideramos que necesitaríamos. Estamos ansiosos de trabajar con usted».

O tal vez él diga: «Sus productos irán a nuestra tiendas "A" en la primera fase de implementación, por lo que nuestros niveles de uso serán aproximadamente el 25% de nuestro estimado original».

O tal vez le digan: «Nuestro equipo de compradores ha decidido negociar con su compañía sólo los productos X, Y y Z. Las partes para nuestros productos A, B, C y D los obtendremos de otros proveedores (su competidor)».

En otras palabras, usted cotizó un trato basado en un volumen mayor de productos, y ahora el cliente quiere pagar un precio fijo por menos volumen. Es asombroso ver cuántos vendedores buenos caen en la trampa y firman esta clase de tratos; calculan que es mejor irse con algo que escuchar las quejas y hasta perder el negocio completo. Por esa razón esta táctica es tan eficaz.

Estrategia de contra-ataque

Su respuesta tiene que ser inmediata. Cuando el comprador le dice que el trato ha cambiado, entonces usted está en todo su derecho de decirle que tendrá que volver a hacer una nueva cotización de precios basado en el nuevo (menor) volumen. Su cotización original estaba basada en las especificaciones iniciales. Si el comprador ha cambiado las especificaciones, entonces usted no está bajo ninguna obligación de honrar su cotización original.

Táctica # 11: El negativo

La estrategia aquí es que el comprador rechace siempre la primera oferta. El objetivo es poner al vendedor a la defensiva y que de inmediato comience a rebajar gradualmente el precio, no importa cuán razonable pueda ser.

Estrategia de contra-ataque

La clásica defensa debe entrar con un precio alto y dejar que el comprador lo lleve a donde usted lo quiso en primer lugar. Al hacer esto, le permite al comprador sentir que él ha ganado algo para su compañía. Una nueva técnica, que a menudo es eficaz y más productiva, es tomar tiempo para buscar maneras de colaboración y crear así una ganancia para los dos. Veamos este ejemplo:

Hace algunos años, Tom dirigía la división de productos para oficina de una compañía de artículos de consumo. El comprador de una de las nuevas tiendas mayoristas (conocidas como clubes porque trabajan con el sistema de membresías) se presentó con Tom; estas tiendas estaban generando enorme confusión dentro de los canales de distribución establecidos, pero el potencial de su volumen era demasiado grande como para pasarlos por alto. El comprador sólo quería adquirir dos SKU (número identificador usado en el comercio con el objeto de permitir el seguimiento sistemático de los productos y servicios ofrecidos a los clientes) de la amplia línea de productos; entre los artículos estaba tapete de plástico tamaño estándar para silla (estos tapetes permiten que las sillas con ruedas se deslicen cuando se ponen sobre superficies como las alfombras). En ese entonces, la mayoría de estos tapetes fueron vendidos mediante un sistema de dos etapas: el fabricante los vendió a un mayorista por aproximadamente 25 dólares, éste los vendió a una tienda de suministros para oficinas por unos 35 dólares, y esa tienda los vendió al usuario final por casi 70 dólares; lo que incluía el margen de beneficio de la tienda eran la entrega del producto a domicilio, el retiro del tapete antiguo y un arreglo de facturación para el usuario final.

El comprador quiso adquirir las alfombras en un precio aproximado de 22,50 dólares y venderlas por 25 dólares en un punto de venta al mayoreo. Claramente este arreglo de precios iba a crear problemas para los canales de distribución tradicionales, pero el comprador estaba convencido de que él iba al mercado de esa manera, con o sin el producto de la compañía de Tom. Los esfuerzos para elevar el precio fueron inútiles.

Las negociaciones de precio de venta comenzaron en 25,00 dólares, era el mejor precio al mayoreo y para compras especificadas por paquetes específicos que requieren estas tiendas. Puesto que el comprador quiso vender el producto en aquel precio, inmediatamente comenzó a buscar un mejor trato; en lugar de darle una paliza al responsable del precio, él tomó el camino de la colaboración.

La conversación se desarrolló de la siguiente manera:

Comprador: Si yo le comprara el producto por camiones completos, ¿no merecería una rebaja de uno o dos puntos porcentuales?

Tom: Sí.

Comprador: Si le hiciera un pedido permanente por X número de camiones llenos cada mes, de manera que su fabricante pudiera hacerlos a su ritmo con la condición de que estuvieran listos a fin de mes, ¿no merecería otro punto, o dos?

Tom: Sí.

Y así siguió. Aumentando el tamaño de la orden y haciendo el negocio en un tono colaborador el comprador estuvo en la mejor disposición de rebajar el precio por un margen aproximado de 1,25 dólares respecto a lo que tenía que ser. Después de eso las negociaciones se detuvieron. El comprador había agotado todas las oportunidades de ahorrar dinero en el lado de la producción y la programación, antes que rendirse y aceptar el punto de precios más alto, siguió tanteando la situación.

Comprador: ¿Cuáles son los componentes del costo de un tapete de este tipo?

Tom: Más o menos lo que usted sabe: costo de la resina, tiempo en la máquina de moldear, algunas operaciones de moldeado posterior, costo de la caja...

Comprador ¿Caja? ¿Cuál caja?

Tom: Cada tapete se empaca en una caja de cartón grande. Las cajas cuestan aproximadamente $1,50 cada una.

Comprador: No necesitamos las cajas.

Tom: Las alfombras tienen dientes filosos (para sujetarse firmemente en la alfombra y que no se mueva cuando usted se deslice en la silla), ¿cómo va la gente a sacarlas de la tienda y llevarlas a sus oficinas?

Comprador: A estos precios, ellos buscarán la forma de hacerlo por su cuenta.

¡Y lo hicieron! Note que, en este ejemplo, el comprador y el vendedor eran creativos y estaban dispuestos a colaborar. Las concesiones de precios que Tom hizo fueron más que compensadas por los ahorros en la nueva solución de empaque. Juntos vendieron muchos tapetes ya que la solución fue conveniente para ambos. Lo que ocurrió después es que ese nuevo canal de distribución, aunado a las grandes tiendas de productos para oficina como Staples y Office Max, hicieron estragos con los canales de distribución tradicionales.

¡Pero esta historia es para discutirla en otra ocasión!

Táctica # 12: Regateo sin límites

A esta táctica también se le podría llamar «pida cualquier ridiculez». La idea es preguntar por algo que sea evidentemente absurdo y obligar al vendedor a que diga no, lo que hace que se sienta a la defensiva. Esto también le da al comprador mucho espacio de modo que parezca más razonable cuando de hecho, por lo menos, la demanda es todavía irrazonable.

Estrategia de contra-ataque

Si la oferta no es realista, revertirla es a menudo eficaz. Gire la oferta unos 180 grados y muéstrele al otro cuán tonta es. Diga algo como: «Realmente, Roberto, si estuviera en mis zapatos, ¿cómo se sentiría con una oferta así?» o «¿Qué se supone que mi jefe me haría si sabe que accedí en un trato como este?»

Digamos que un cliente quiere hacer una ampliación en una fábrica, pero quiere pagar sólo cincuenta dólares por pie cuadrado por el trabajo. Si el precio para un proyecto de esta clase es ciento veinte dólares por pie cuadrado, entonces la oferta está fuera de todo razonamiento.

Antes que tratar de debatir los méritos de una oferta ridícula, usted puede indicar que es irrazonable diciendo: «Vamos, Roberto, esto es como si yo quisiera que usted me vendiera su imprenta de 10.000 dólares en 4.000. Eso no ocurriría. Seamos realistas, hablemos de lo que podemos hacer».

Si usted presenta la oferta del comprador como no factible, entonces puede dirigir las cosas en dirección a lo que es posible y realista.

Táctica # 13: El tonto y el más tonto

¿Recuerda el programa televisivo llamado *Columbo*? Peter Falk actuaba como detective policial y su apariencia era ingenua para irritar a sus sospechosos, al punto que confesaran para que Peter se callara y los dejara en paz.

A menudo, los compradores pretenderán ser lentos a fin de sacar adelante las negociaciones; ellos pueden «olvidar» concesiones hechas en reuniones anteriores, pueden «entender mal» algunas cosas que tienen o con las cuales no han estado de acuerdo. Pueden repetir constantemente las mismas objeciones, aunque usted haya tratado con ellas muchas veces.

A menos que usted sepa con seguridad que su comprador es un idiota, será una buena idea suponer que él es mucho más inteligente y que su ineptitud es un acto diseñado para que usted lo subestime.

Si usted se frustra o se enoja con el lento proceso de la negociación, o por tocar los mismos temas una y otra vez, cayó en la trampa. Los vendedores no son conocidos por tener niveles altos de paciencia y los compradores inteligentes saben que pueden usar eso a su favor.

Estrategia de contra-ataque

Recomendamos uno de dos métodos para esta táctica:

1. Usted puede fingir que es lento como él hasta que el comprador se frustre y se dé cuenta que ese comportamiento no va a funcionar con usted.

2. Puede conservar notas muy detalladas de cada discusión y comenzar su junta con un resumen de lo que ha sido cubierto y lo que han acordado. Para que eso funcione, tiene que organizar cada punto de la negociación en secciones tan pequeñas que se le haga posible conseguir el acuerdo o la compra en cada fracción antes de que usted siga adelante. Constantemente debe hacer preguntas como: «¿Estamos claros en este punto?»

Eventualmente el comprador se aburrirá tanto con esto que estará de acuerdo con acelerar el paso o, en el peor de los casos, usted seguirá con esa estrategia hasta que obtenga su trato.

Resumen de las tácticas

Recuerde algunas cosas acerca de las tácticas:

1. Los compradores las usan porque dan resultados. Están diseñadas para desequilibrarle, para conseguir algo que usted no haría bajo otras circunstancias.

2. El hecho de que los compradores utilicen tácticas no significa que son mala gente. Los compradores tienen que hacer su trabajo o pierden sus empleos. Piense en la táctica de la manera en que usted pensaría acerca del juego de fútbol, el equipo con el mejor entendimiento de las reglas y la mejor ejecución del plan, por lo general gana; el otro equipo no es el malo de la película. El entendimiento de la táctica es una habilidad clave en el juego de las negociaciones.

3. Reconocer la táctica y saber la estrategia de contra-ataque apropiada es importante, pero la preparación es fundamental. Si usted puede anticipar los movimientos del otro de antemano, puede trazar sus respuestas en su propio tiempo y términos. Si espera hasta el último minuto para estudiar detenidamente todo sobre la marcha, eso le pondrá mucha presión. ¡La preparación le da poder!

➤ CONSEJO PARA NEGOCIACIONES PROFESIONALES

Los buenos negociadores, como los buenos vendedores, reconocen y responden a la táctica del comprador de manera que anulen el poder de ésta sin crear situaciones para guardar apariencias o rematar la mercancía.

CAPÍTULO 6

¿QUÉ DICEN LOS COMPRADORES CUANDO NO ESTÁN HABLANDO?

IMAGÍNESE QUE ESTÁ EN EL PUNTO CRUCIAL DE UNA NEGOCIACIÓN multimillonaria. La mesa de la sala de juntas tiene papeles regados por todas partes; unas piezas de pan un poco duras y viejas así como unas tazas de café vacías. Usted le pide a la compradora que decida acerca de uno de los aspectos principales del trato.

Hay una pausa.

Mientras tanto, la compradora mira hacia abajo, se quita sus anteojos, mastica absorta la punta del brazo de los anteojos y con su otra mano se frota el cuello.

¿Qué debe hacer usted?

Quizá piense que le está enviando una señal para darle el golpe final. Es probable que usted haya ignorado todas las señales, o quizá las advirtió, pero no supo interpretar lo que significaron; tal vez no supo cómo reaccionar.

El punto es que ella acaba de enviarle información importante. Si la interpreta mal o no responde en forma apropiada, perderá todas las oportunidades de obtener el trato. Hagamos un breve examen sobre lo que usted debe hacer:

SAQUE SU MANO DE MI BOLSILLO

a) Nada.

b) Interrumpirla y reformular su pregunta.

c) Quitarse sus anteojos y mirar hacia abajo también.

d) Ninguna de las opciones anteriores.

Si elige la opción a) probablemente escuchará a la compradora decir algo como: «No, no vamos a poder hacer que esto se concrete».

Con la opción c) usted no conseguirá ninguna respuesta inicial y lo más probable es que también sea rechazado.

La respuesta correcta es b), usted necesita responder rápidamente a las dos fuertes señales no verbales que ella le está enviando. Primero, quitándose sus anteojos, mirando abajo; probablemente está pensando cómo decirle no a su proposición. La segunda pista, cuando un comprador se frota el cuello al mismo tiempo que mira hacia abajo, le indica a usted que su pregunta estuvo fuera de lugar o demasiado directa.

Esas señales le indican que ese comprador no está convencido del valor de su proyecto. Además le hace saber que no está de acuerdo con algo que usted ha dicho. Si insiste en que tome una decisión inmediata, las probabilidades de ser rechazado son muy altas.

Usted necesita interrumpir su proceso de pensamiento, antes de que decida rechazar la oferta. Así que debe reformular o volver a plantear su propuesta de forma más agradable antes de cerrar el trato. ¿No sería estupendo si pudiéramos apenas mirar a través de la mesa y leer las mentes de los compradores? Podríamos saber lo que piensan, lo que planean y cómo se sienten con nuestras ofertas; también sabríamos si están interesados o aburridos. Podríamos saber si nos dicen la verdad o de plano nos están mintiendo. ¿No sería eso grandioso? No podemos convertirlo en un adivinador de pensamientos, pero sí podemos darle la perspicacia para que pueda percibir y saber qué hay detrás de esa señal.

En 1967 el doctor Albert Mehrabian, investigador de la Universidad de California en Los Ángeles, dirigió un proyecto para estudiar cómo nos comunicamos. Los investigadores no se sorprendieron al descubrir que nos relacionamos en diferentes niveles.

Sin embargo, lo que más les sorprendió fue descubrir que en la conversación frente a frente, las palabras no eran el medio más importante de la comunicación.

Descubrieron que cuando intercambiamos información, la importancia de la comunicación es relativa, estos fueron los resultados:

PALABRAS: 7%

TONO DE LA VOZ: 38%

COMUNICACIÓN NO VERBAL: 55%

Es cierto, ya que la mitad de lo que «decimos» es comunicación no verbal. Eso explica por qué una reunión frente a frente es más eficaz que una llamada telefónica y por qué una llamada telefónica es mejor que un fax o un correo electrónico cuando realmente quiere comunicarse con otra persona. Por lo menos, en la llamada telefónica usted puede escuchar el tono de voz de la otra persona.

En este capítulo discutiremos cómo leer algunas de las señales no verbales más comunes que usted probablemente verá durante la negociación; esas señales son indicadores importantes de lo que está pasando por la mente del otro. ¡Esta revelación es especialmente útil porque él no sabe la información que le está dando a usted!

Antes de empezar, es necesario que le hagamos una seria advertencia: interprete todos los gestos no verbales dentro de su contexto. Así como cualquier palabra aislada no tiene sentido cuando es tomada fuera de contexto, lo mismo sucede con esas señales no verbales. Rascarse es a veces justo eso: «rascarse». El contexto lo es todo.

Por ejemplo, hace varios años en un taller, durante el receso, una participante se acercó a uno de los instructores y le dijo: «No malinterpreten mi lenguaje corporal, realmente disfruto de la clase. La verdad es que tengo cuatro meses de embarazo, y por ello reacciono así...» ¡Esta es la importancia de entender el contexto!

Usted está buscando una reacción a algo que alguien dice o está diciendo, esto generalmente es espontáneo.

Ahora describiremos dieciséis de las señales no verbales más comunes que ocurren en las negociaciones, también recomendaremos lo que usted debe hacer cuando las identifique. Para información adicional sobre el origen y la ciencia de las señales no verbales, recomendamos recurrir al Center for Nonverbal Studies (Centro para Estudios No Verbales) en Spokane, Washington, y a la Universidad de Columbia.

Es necesario mencionar que, particularmente, estas señales no verbales son universales.

Realizamos talleres por todo el mundo y hemos encontrado que la aplicación de éstas ha traspasado fronteras culturales y geográficas.

Entrelazar las manos

El gesto:

Usted está hablando acerca de su producto o propuesta, y mira a través de la mesa, observa que la otra persona tiene las manos juntas delante de su pecho tocando la punta de los dedos de ambas manos haciendo una especie de torre.

Algunas veces sólo tocará los dedos de ambas manos ligeramente, también puede mantenerlos inmóviles. Este es un gesto que usan por igual hombres y mujeres.

Lo que significa:

Este es un gesto de superioridad. Traducido literalmente, quiere decir: «Ya sé a dónde quiere llegar. En efecto, sé más acerca de este tema que usted y me gustaría que se callara y me permitiera hablar».

Qué hacer:

Cállese. Manténgase sin hablar, de esta manera la otra persona se sentirá aburrida o frustrada. Él quiere decir algo, pero en realidad no le está escuchando; tan pronto como usted pueda, diga algo, por ejemplo: «¿Cómo se siente con lo que hemos cubierto hasta ahora?» o «¿Qué piensa acerca del proyecto?» Cuanto más pronto logre implicarlo en la conversación, tanto mejor.

Usted verá mucho esta indicación cuando trate con sus superiores, profesionales especializados o funcionarios del gobierno. Cuando se le presente esa situación, percátese en el momento y déjelos hablar.

Rozarse el cuello

El gesto:

Usted verá casi siempre esta señal después de que haya hecho una declaración fuerte sobre algo o haya si tocó un tema polémico. La advertirá inmediatamente después de la declaración, la otra persona por lo general alza la cabeza y se frota la espalda o un lado del cuello. Si es un hombre, quizá ponga un dedo (o dos) bajo el cuello, tal vez apenas se toque un lado del cuello.

Lo que significa:

Algo de lo que usted ha dicho le hace sentir incómodo o disgustado. La frase «más rojo que un tomate», se deriva de los cambios fisiológicos que todos experimentamos cuando nos sentimos amenazados.

Él no se siente bien con usted, haga algo que le permita arreglar la situación, ya que este sería el peor momento para pedirle que tome una decisión o cualquier otra cosa; de hecho, necesita concluir con su presentación antes de que pueda continuar y hacer su oferta.

Qué hacer:

Usted necesita retroceder. Ha sido demasiado fuerte y eso no le gusta a su interlocutor, hay varias maneras en que se puede hacer eso. Si está inclinado al frente, puede relajarse en su silla; usted desea mostrarse lo menos amenazante posible en ese momento. Podría decir: «Antes de responder, permítame corregir lo dicho anteriormente», luego asuma una posición más cordial, cambie su tono de voz y hágale sentir un poco de amabilidad. Para suavizar su posición:

1. Relájese.
2. Interrumpa, antes de que ellos puedan responder.
3. Cambie su posición original.

La mano en la nariz, boca o quijada

El gesto:

Esta señal ocurre cuando la otra persona inicia la conversación. Usualmente responde a una pregunta o le dice cómo se siente con respecto a su propuesta. A medida que la persona habla, observe que se toca su barbilla. Puede tocarse también los labios, la nariz o la quijada. En ocasiones se pondrá los dedos sobre su boca al mismo tiempo que habla.

Lo que significa:

¡Peligro! ¡Peligro! Es crucial que advierta esa señal porque le dice que algo no anda bien. Ese gesto le dice que la otra persona no está segura de lo que habla, puede estar mintiendo o no tiene confianza en lo que dice.

A estas alturas usted no sabe lo que está sucediendo pero, en todo caso, significa que la información que obtuvo de la otra persona no es confiable.

Esa señal es una conducta que traemos de nuestra infancia, observe a un niño pequeño cuando usted le pregunta si hizo algo incorrecto; simplemente intenta ocultar su cara («no, yo no rompí el juguete de mi hermano»). Cuando están atemorizados, los niños creen que leeremos sus mentes y descubriremos la mentira; los adultos son más astutos, sin embargo inconscientemente ponen una mano en su cara cuando están nerviosos o se sienten inseguros de lo que están diciendo.

Qué hacer:

Haga preguntas y trate de entender lo que está sucediendo. Por ejemplo, si el comprador sólo le ha dicho que puede obtener sus productos a un precio menor en otro lugar, usted necesita saber con qué está comparando su oferta. Es probable que no sean manzanas con manzanas.

Usted no quiere tomar ninguna decisión ni comprometerse, basado en la información que esa persona le ha dado porque es posible que haya algo errado con los datos. Investigue para tener una información más acertada.

Juguetear con los anteojos en la boca

El gesto:

Por lo general observará esta señal cuando pida una opinión acerca de sus productos, servicios o acerca de la propuesta ofrecida. En ese instante la otra persona se quita sus anteojos y coloca distraídamente el extremo de ellos en su boca o quizá los balancee colgados de una mano.

Lo que significa:

El comprador ha escuchado lo que usted dijo y está considerando su proposición. Esta es una buena señal porque está analizando los pro y contra, considerando si eso tiene sentido para él.

Qué hacer:

Nada. Siéntese calladamente y permítale continuar reflexionando sobre el planteamiento. Por lo general a los vendedores no les gusta mantenerse callados y siempre quieren hablar primero; eso es algo completamente erróneo, nunca debe hacerlo.

Si formula una pregunta o pide una opinión, especialmente a una persona analítica, y no le da tiempo de responder usted se arriesga mucho a que esa persona se disguste. Sea paciente, ¡deje que hable primero!

Quitarse los anteojos (rápidamente)

El gesto:

¡Usted no puede ignorar esta señal! Ocurre por lo general cuando usted está en el punto cumbre de la negociación o ha sorprendido de cierta manera al comprador. Él reacciona quitándose sus anteojos y dejándolos caer (a veces cerrándolos de golpe) sobre la mesa, luego, él puede mirarlo fijamente con un semblante duro y encolerizado.

Lo que significa:

Usted puede conjeturar. Algo de lo que usted dijo le causó frustración a su interlocutor o lo enojó al punto que está listo para irse. ¡Decepcionante!

Qué hacer:

Levántese rápidamente y haga algún comentario antes de que él exprese lo que está pensando. Antes de esto, siéntese en su silla levemente para que dé una imagen menos amenazante. Luego, diga algo como: «Antes de darme una respuesta, permítame reformular lo que dije». Entonces use un tono más cordial y modifique lo dicho.

Ese no es el momento de cerrar la negociación, ya que usted no querrá escuchar lo que él tiene que decir.

Acariciarse la barbilla y mirar hacia arriba

El gesto:

Usted verá esta indicación o señal cuando le pida al comprador una opinión con respecto a lo que han estado discutiendo. La persona se recostará, mirará hacia arriba y se acariciará distraídamente la barbilla o la parte más baja de su rostro.

Lo que significa:

El significado es: «Estoy interesada, estoy pensando en eso y estoy analizando cómo puede funcionar». Esta es una muy buena señal, pero usted necesita ser muy cuidadoso con su reacción.

Qué hacer:

Nada. Siéntese, déjela pensar.

Espere que ella tome la iniciativa y hable. Si usted dice algo abruptamente, sólo para llenar un vacío, interrumpirá sus pensamientos y tal vez le cause irritación. Déle tiempo.

Acariciarse la barbilla y mirar hacia abajo

El gesto:

Esto es muy parecido a la indicación anterior, sólo que en esta oportunidad la persona mira hacia abajo.

Lo que significa:

Significa exactamente lo contrario a acariciarse la barbilla y mirar hacia arriba. No está interesado, no le impresiona y quizá esté pensando una forma de decir no. Estos dos gestos no verbales similares son sumamente diferentes en el significado que tienen para usted, y es muy importante cómo los perciba para saber cuál debe ser su reacción.

Qué hacer:

En este caso, usted no quiere que él termine con su proceso mental. Así que lo interrumpe antes de que pueda decirle por qué no quiere hacer la negociación. Usted puede decirle algo como: «Antes de responderme, permítame decirle algunas razones por las que este programa ha sido tan exitoso en otros lugares».

El secreto radica en advertir los gestos negativos no verbales y actuar de inmediato. Tenga en cuenta que ese no es el momento de cerrar el trato, porque usted todavía no ha realizado la venta.

Apoyar la cabeza en la mano

El gesto:

Usted está hablando acerca de su producto o del programa y observa por encima de la mesa que el comprador descansa su barbilla en la palma de una mano y que está apoyando su codo con la otra. ¿Es esto bueno o malo?

Lo que significa:

Significa exactamente lo que está viendo. Usted lo aburre con lo que está diciendo; él no lo escucha y, si continúa hablando monótonamente, está malgastando su tiempo y el de los demás.

Qué hacer:

Logre involucrarlo con rapidez. Pare de hablar y diga: «¿Por qué no me dice qué opina acerca de lo que hemos hablado hasta ahora?» Si no logra atraerlo a la conversación, no llegará a ningún lado.

Mano al lado de la cara con el dedo hacia arriba

El gesto:

En este caso, cuando usted está hablando, advierte que el comprador descansa la barbilla sobre el pulgar con el índice apuntando hacia arriba. Aunque este gesto se parezca al último, tiene un significado completamente diferente.

Lo que significa:

La persona está escuchando, está involucrada en su presentación deseando saber más.

Qué hacer:

Siga adelante. Usted está desempeñando bien su papel; no olvide que aunque este gesto no verbal se parezca al anterior, debe saber que tiene un significado diferente. Esta es la razón por la cual los buenos negociadores se entrenan para estar siempre alerta al lenguaje corporal. Recuerde, los compradores no saben que ellos, a través de estas señales le dan información.

Brazos cruzados sobre el pecho

El gesto:

Usted lo conoce. El comprador está recostado en su silla con sus brazos cruzados en su pecho.

Lo que significa:

Casi todos conocemos este indicador. Algunas veces revela que la persona no es muy amplia en sus criterios o no está dispuesta a aceptar las ideas que se le ofrecen, pero tal vez no sea así y simplemente sea una persona indiferente, o quizá le parezca una postura cómoda. Recuerde nuestra advertencia

al inicio de este capítulo: las señales no verbales no tienen sentido cuando son vistas fuera del contexto.

Si el comprador ha estado sentado de esa forma desde que comenzó la reunión, es posible que sea una postura habitual en él. Sin embargo, supongamos, que ha estado sentado con sus manos delante de él sobre la mesa, usted debe decir algo como: «¿Está de acuerdo en que esta es la mejor alternativa que existe en el mercado, en este momento?»

En respuesta, él se inclina hacia atrás en su silla y cruza sus brazos, ahora puede asumir que hay un problema. Es la reacción la que es significativa, no la postura en sí misma.

Qué hacer:

Usted no ha logrado la venta, así que no pida ninguna decisión. Es mejor que plantee algunas preguntas acerca de cómo se siente el comprador con lo que usted ha expuesto hasta ahora. Debe identificar y canalizar los motivos específicos de su preocupación antes de continuar con el proceso de venta.

La mano sobre el pecho en señal de compromiso o lealtad

El gesto:

Usted verá esta indicación cuando la otra persona esté hablando. Cuando habla, él coloca su mano sobre el pecho y lo deja descansar rozándolo suavemente.

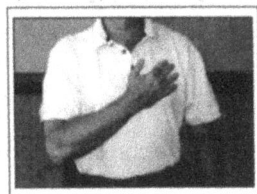

Lo que significa:

Que cree firmemente en lo que está diciendo y es muy importante para él. Aunque, puede no necesariamente ser cierto. Por ejemplo, con su postura puede querer decirle: «Lo más importante para esta compañía es la calidad». Pero usted piensa que esa declaración no se refleja en las prioridades que la compañía manifiesta. Sin embargo, la persona lo cree verdaderamente y tiene mucho cuidado con este punto.

Qué hacer:

Tome nota de lo que el interlocutor siente por este tema, no lo desafíe a menos que tenga una buena razón para hacerlo. Puede ser también un indicio de que este punto es o podría llegar a ser una manera de protegerse y quedar bien o guardar las apariencias.

Frotarse la cabeza

El gesto:

Usted hace una presentación sobre productos, servicios o una propuesta en especial; si es frente a un hombre, lo verá llevar su mano a la parte posterior de su cabeza. Los hombres tienden a alisarse el cabello de la parte posterior de la cabeza, mientras que las mujeres son más propensas a hacerlo con el cabello cerca de la cara o alisándolo detrás de los oídos.

Lo que significa:

Traducido literalmente significa: «¡No puedo creer que haya dicho eso!» El comprador ha sido impresionado o definitivamente está en desacuerdo con lo que usted dijo.

Qué hacer:

Debe reformular o volver a exponer lo que ha dicho de una forma más cordial y que resulte menos ofensiva. No es recomendable continuar con la negociación hasta que no haya reparado cualquier daño ocasionado. Usted necesita formular preguntas amplias para tener un cuadro específico acerca de lo que el comprador cree que puede ser el problema.

Las manos detrás de la cabeza

El gesto:

Aunque la mayoría de las señales no verbales son indistintas para hombres y mujeres, esta específicamente la hacen los hombres. Usted y el comprador están sentados y, cuando comienza su presentación, usted advierte que el comprador recuesta su espalda contra la silla y entrelaza sus manos detrás de su cabeza. Coloca sus piernas hacia delante o en ocasiones las apoya sobre la mesa o una gaveta abierta. Esto por lo general lo verá en negociaciones privadas o en alguna conversación con su jefe.

Lo que significa:

¿Recuerda la señal de las manos entrelazadas? Es el mismo mensaje. El lenguaje corporal le dice: «Sé sobre este tema mucho más que usted y deseo que se calle y me permita hablar». Esa es una postura de superioridad.

Qué hacer:

Deje de hablar y permítale que hable. Haga alguna pregunta y siéntese relajado, escuche por un tiempo hasta que diga todo lo que piensa. Él no prestará mucha atención a lo que usted diga.

Posición de salida

El gesto:

Esto es otro gesto masculino. Usted por lo general ve esta indicación después de que la reunión se ha extendido mucho tiempo; mientras habla, advierte que el comprador agrupa todas sus notas y las ordena al mismo tiempo que cambia de silla. Ahora está en posición frente a la puerta e inclinándose hacia adelante. Si usted pudiera ver bajo la mesa, observaría que las piernas están dobladas en posición parecida a la de los corredores de atletismo.

Lo que significa:

Esto no es bueno. Él sólo está esperando que usted tome un descanso para salir e irse. De hecho, él ya se desconectó mentalmente y no escucha nada de lo usted diga. Él se aburrió y desearía estar en otro lugar.

Qué hacer:

Como él no le escucha, usted tiene dos opciones: Intente involucrarlo de nuevo en la conversación. Diga algo así: «¿Cómo se siente respecto a la materia que hemos cubierto hasta ahora?» o «¿Cuál es su reacción a este enfoque?» A veces esto resulta, a veces no, pero usted no perderá nada con preguntar.

O bien, déjelo ir. Termine la reunión e intente comprometerlo para concluir en una fecha próxima. Lo peor en estos casos es ignorar la señal y continuar hablando, lo que conseguirá es que el comprador se frustre y todos pierdan su tiempo.

Juguetear con la oreja

El gesto:

Por lo general verá esta señal cuando esté presentando una buena propuesta. Mientras usted habla, observe a través de la mesa y advierta que el comprador tira suavemente el lóbulo de su oreja o se frota con un dedo detrás de ella.

Lo que significa:

Usted necesita detectar rápidamente esta señal. Literalmente podría significar: «Estoy interesado en lo que usted dice, pero necesito más detalles para entender realmente cómo funciona esto». Es una buena señal, pero no pierda su enfoque.

Qué hacer:

Sea más detallista. Puede decir: «Hemos discutido este proyecto a un nivel bastante alto. ¿Por qué no le proporciono un par de ejemplos de cómo esto funcionaría cotidianamente?»

Permítale preguntar acerca de cosas específicas con respecto a su propuesta de modo que se sienta cómodo y que los puntos esenciales de la misma estén realmente claros.

Limpiar el traje (eliminar pelusas)

El gesto:

Usted está hablando acerca de su programa, productos o servicios y advierte que el comprador mira hacia abajo y ociosamente escoge pelusas o alguna otra cosa de la manga de su chaqueta.

Lo que significa:

¡Usted le está aburriendo! No está interesado, ni escucha lo que está hablando, usted está perdiendo su tiempo y el de los demás.

Qué hacer:

Deje de hablar. Haga una pregunta que le involucre en el tema. Si no se interesa, deténgase y regrese otro día con una estrategia más interesante, porque ésta definitivamente no funcionó.

Resumen

La comunicación no verbal es lo que más se asemeja a la telepatía. Como hemos visto en este capítulo, sus clientes le dan mucha información con su lenguaje corporal, aunque no lo saben. Los negociadores hábiles observan cuidadosamente para entender esas señales. Si usted está negociando en equipo, debe designar a un miembro del grupo para estar atento a esas señales.

Veamos algunas recomendaciones finales:

1. Recuerde mirar el contexto. A veces rascarse es apenas eso: rascarse.

2. Practique, practique, practique. Esté atento a las señales dondequiera que vaya: en las fiestas, encuentros deportivos, convenciones, etc., observe a las personas, sin escucharlas puede saber lo que dicen; deduzca lo que quieren decir al observar su lenguaje corporal. Los aeropuertos, pasillos y salas de espera son grandes campos de entrenamiento.

3. Haga preguntas que le permitan confirmar las señales observadas.

Busque cambios; incluso si no recuerda el significado de alguna de esas señales, un cambio puede señalar la aceptación o el rechazo de sus ideas.

CAPÍTULO 7

¿ES REAL LA DIFERENCIA ENTRE LOS SEXOS?

MUCHOS CAMBIOS HAN OCURRIDO EN LOS LUGARES DE trabajo desde 1970. El aumento dramático en el número de mujeres trabajadoras, combinado con las leyes preventivas contra la discriminación basada en el género ha llevado a un significativo acercamiento en la tradicional brecha entre el salario de hombres y mujeres. Sin embargo, recientemente el progreso ha sido más lento. En el año 2000, las mujeres ganaban un poco más de setenta y tres centavos por cada dólar que los hombres ganaban, y esa cifra representa un aumento mínimo (1,6%) sobre la cifra de 1990.

En verdad los prejuicios sexuales y el machismo persistente son en parte culpables de esta discrepancia, pero estudios recientes han demostrado que hay factores más complejos relacionados con dicha diferencia.

En su primera publicación *Las mujeres no se atreven a pedir*, sus autoras, Linda Babcock y Sara Laschever, evidencian y documentan numerosos factores culturales, sociológicos y conductuales que aparentemente afectan el progreso de las mujeres en el mundo de los negocios.

Muchos de sus descubrimientos corresponden particularmente a mujeres involucradas en las ventas porque frecuentemente los planes de compensación de ventas son directamente ligados al éxito en las negociaciones (ventas).

A continuación expondremos algunos de sus puntos más significativos:

Las mujeres no se atreven a pedir

Como el título de su libro lo dice, las autoras descubrieron que las mujeres son menos propensas que los hombres a pedir (promociones, aumentos, concesiones, mejor trato, etc.). Existen numerosos factores que conducen a esta renuencia, pero el resultado se ve reflejado a menudo en que terminan perdiendo en las negociaciones, simplemente porque no saben o porque se resisten a negociar y pedir más.

Fracasar en una negociación para su beneficio, como el salario, puede tener efectos catastróficos en toda una vida laboral. Las autoras calculan que hay una diferencia de 5.000 dólares en el salario de una profesional principiante (en comparación con un candidato masculino, que es más probable que negocie un salario inicial más alto para sí mismo), esto puede tener como resultado un déficit de ganancias de más o menos $500.000 proyectado en el transcurso de toda una carrera.

Las autoras realizaron una encuesta entre los candidatos a egresar de posgrado en Carnegie Mellon y encontraron que 57% de los estudiantes masculinos negociaron las ofertas de salario que les ofrecieron sus posibles empleadores.

Sólo 7% de las mujeres hizo lo mismo; en ambos casos, los estudiantes que negociaron sus salarios tuvieron un sueldo inicial promedio más alto con una media mayor de $4.000 que los que no lo hicieron.

Veamos un ejemplo de la vida real:

Una de nuestras colegas aceptó un puesto directivo en una compañía grande de servicios financieros. Los términos de la oferta fueron atractivos y los requisitos laborales eran buenos para ella; la compañía había empleado también a un director masculino con los mismos requerimientos de salario y funciones de trabajo.

Desde el mismo día que empezaron estuvieron juntos en todo el proceso de orientación, era común para ellos intercambiar ideas y hablar acerca de sus antecedentes. Su historial académico y laboral era muy parecido.

Imagínese la sorpresa de nuestra colega cuando supo que su compañero laboral inició con un sueldo mayor que el de ella, a pesar de tener la misma descripción de trabajo. Además de varios bonos sustanciales, el salario inicial de su compañero era ¡diez mil dólares más alto que el de ella!

Cuando le preguntó cómo pudo obtener una oferta tan buena, su respuesta fue simple. Le dijo: «Sólo pregunté y averigüé cómo funcionaba el sistema de trabajo y les pedí que me dieran un nivel "X". Al principio no lo aceptaron, pero finalmente dijeron que estaba bien».

Eso le dio una sacudida muy grande a nuestra colega y le ocasionó mucha rabia, pero lo que más le dolió era la decepción que tenía consigo misma, nunca se le ocurrió que el salario ofrecido fuera negociable. La oferta que se le hizo estaba dentro de los límites que buscaba.

Esa fue una lección que le costó muy caro, se prometió nunca más aceptar una oferta de salario a primera vista. El problema no fue una mala negociación, fue aun más serio. Ella nunca supo que se trataba de una negociación, no sabía que podía negociar.

Definitivamente los riesgos son muy grandes y los incentivos muy altos cuando usted entra en negociaciones de salario, oportunidades de promoción y otras discusiones relacionadas a los negocios. Muchas mujeres tienden a ver tales negociaciones como un conflicto que puede dañar su relación con la contraparte. Desde ese punto de vista, ellas evitarán el conflicto llegando a un arreglo temprano o tomando lo que se les ofrezca.

Por otro lado, los hombres son más propensos a ver la negociación como un deporte o un juego con reglas y procedimientos. Ellos pueden adelantarse en la negociación como una manera de medir su nivel de habilidad con la contraparte.

Debido a esa actitud radicalmente diferente, no nos sorprende que las mujeres sean menos propensas que los hombres a pedir e iniciar las negociaciones. Esos estudios han demostrado que en esa misma medida las mujeres son mucho más reacias que los hombres a ventilar sus logros; prefieren que sean sus compañeros de trabajos y sus superiores los que reconozcan y recompensen su arduo trabajo así como el esmero en su desempeño.

En general, la modestia es una cualidad admirable; pero es una triste realidad que en los negocios su ganancia casi siempre es lo que usted pueda negociar, no siempre es lo que merece.

Lo que usted necesita y lo que usted merece

La investigación demuestra que, en situaciones básicamente idénticas, las mujeres valoran menos el trabajo que hacen que los hombres. Ellos casi siempre establecen sus metas de ganancias comparándose con lo que otros hombres ganan o lo que creen que deben ganar. Sus salarios son los indicadores de éxito y progreso comparado con sus compañeros de trabajo. Las mujeres miran su salario en términos de necesidad, no de éxito, esto las pone en una posición en la que se enfocan menos en el incremento de su salario y se concentran más en otros aspectos laborales que les den mayor satisfacción.

Obviamente la mayoría de las compañías no van a invertir más dinero en aquellos empleados que no lo pidan. Esa discreción en las negociaciones salariales puede, como lo hemos indicado, tener graves resultados en el transcurso de una carrera empresarial. Asimismo, el fracaso en vender o negociar agresivamente para la compañía puede tener un impacto igualmente desastroso en quien aspira una promoción.

Normas y estereotipos acerca del género

Normas y estereotipos acerca del género

La sociedad espera que las mujeres se comporten de cierta manera; casi nunca esperamos que las mujeres negocien fuerte y agresivamente. Las que lo hacen, se arriesgan a un contragolpe significativo.

El comportamiento que sería tolerado o aun admirado en un hombre puede crear toda clase de problemas en la imagen de la mujer. Un tipo que golpea la mesa, grita y pelea, puede no ser amado pero a menudo se gana el respeto, la admiración y hasta la envidia de los demás (piense en Donald Trump). Una mujer que asuma una conducta idéntica no será tan afortunada (piense en Martha Stewart); es casi seguro que una mujer con esas características será degradada y sometida al ridículo por sus compañeros de trabajo, tanto hombres como mujeres.

Cuando una mujer audaz viola las expectativas de la sociedad en cuanto a comportamiento, puede crearse muchos problemas. La palabra que empieza con la letra «P», usada para degradar a la mujer, siempre está circulando en el aire, y es muy rara la organización que rápidamente coloca a una mujer audaz en una posición gerencial.

No es un gran misterio discernir por qué las mujeres tienden a no practicar ese estilo de negociación tan confrontador que distingue al hombre como un gran empleado. Esto, tal vez explica por qué los vendedores de carros ofrecen el mismo auto más caro a una mujer que a un hombre.

No es justo pero, ¿quién dijo que la vida era justa?

Cómo negociar con el otro género

Las negociaciones son bastante complicadas cuando los hombres tratan con hombres y las mujeres con mujeres, cuando usted cruza la línea del género en las negociaciones las cosas se pueden complicar. Los hombres particularmente tienen un problema para negociar justamente con las mujeres.

Siempre caen en una de dos categorías al negociar con las mujeres. Los tipos C1 (conquistar) se inclinan a ver a la mujer como débil y se les hace fácil abusar; alzan la voz, golpean la mesa y tratan de intimidarlas con su aspecto físico para alcanzar su meta en el negocio.

El otro tipo de hombre va al extremo opuesto, tiene tanto temor de herir los sentimientos de la mujer o ser visto como hostil que baja tanto su potencial como negociante hasta llegar al nivel de timidez. Ninguno de esos estilos es productivo. Para que las negociaciones sean verdaderamente satisfactorias para ambas partes debe haber una atmósfera de respeto y confianza mutua de modo que la información pueda ser compartida, las opciones consideradas y las alternativas discutidas.

Qué hacer si usted es mujer

Busque entrenamiento para negociar profesionalmente con recursos confiables y de buena reputación. Cuando empiece a ver la negociación como una disciplina con reglas y destrezas claramente definidas empezará a negociar con más confianza. Cuando aprenda a jugar este juego, será capaz de negociar efectivamente para usted y su compañía sin ser emocional ni estridente y sin romper las normas del género. Las mujeres, por naturaleza son más cooperadoras que los hombres. Como recordará de nuestra discusión de estilos (capítulo 2), el estilo cooperador es excelente para muchas (no todas) situaciones de negocios. Las mujeres pueden aprovechar su estilo cooperador para lograr una negociación más productiva y satisfactoria para todos los participantes.

Como las mujeres son casi siempre más emotivas que los hombres, necesitan usar las técnicas discutidas en este libro para mantenerse calmadas y profesionales durante sus negociaciones. Cualquier muestra sentimental será percibida como debilidad. El punto es que hay diferencias en la manera en que la mayoría de los hombres y mujeres enfrentan las negociaciones. En el mundo empresarial esas diferencias casi nunca están a favor de las mujeres; éstas se vuelven en su contra.

Pero a pesar de esas diferencias, ellas pueden ser tan efectivas (o más) que sus oponentes masculinos. La mujer, como el hombre, puede beneficiarse del entrenamiento para negociar y aplicar el aprendizaje para su beneficio; pero como las expectativas que nuestra sociedad tiene de ellas en este aspecto son tan bajas, las mujeres tienen el elemento sorpresa a su favor. Para entender con más profundidad las diferencias entre la mujer y el hombre en las negociaciones recomendamos el libro *Las mujeres no se atreven a pedir: Saber negociar ya no es sólo cosa de hombres,* escrito por Linda Babcock y Sara Laschever (2005).

CAPÍTULO 8

EL ARTE PERDIDO DE
GUARDAR LAS APARIENCIAS

HACE UNOS AÑOS NUESTRA COMPAÑÍA FUE LLAMADA A
mediar en la liquidación de un pequeño negocio de consultoría. Los dos
socios (vamos a llamarlos Pablo y Pedro) decidieron irse cada uno por su camino, se reunieron un sábado por la mañana para dividir todos los bienes de la
compañía; nosotros estábamos allí por si acaso llegaban a un punto en que
ninguno de los dos pudiera tomar decisiones sobre los bienes u otro asunto.

Primero decidieron dividir la lista de clientes, en muchos casos eso
habría significado problemas, pero decidieron dividir el negocio según la
clase y línea de productos y cada cliente se clasificó en una categoría de productos específica.

Lo siguiente que dividieron fueron los activos. Tenían aproximadamente 200.000 dólares disponibles en efectivo; cada uno se quedó con la mitad.
Después discutieron asuntos como el de los empleados, los contratos de
alquiler y otros puntos. Todo se manejó muy bien y sin problemas, de una
manera muy predecible. Incluso las áreas que pensábamos que iban a causar
mayores problemas se trataron muy bien. Con todos los puntos relevantes
bajo acuerdo procedieron a la división del inmobiliario. Los muebles de la

oficina tenían ya muchos años y habían ganado un valor aproximado de casi 30.000 dólares. Para sorpresa de todos, Pablo sencillamente le dijo a Pedro: «Yo me quedo con todos los muebles y tú con nada».

Su socio escandalizado por semejante afirmación le dijo: «Sobre mi cadáver», y todas las negociaciones se derrumbaron.

Uno de nuestros colegas sugirió un receso de quince minutos y se llevó a Pablo fuera de la oficina por un momento, trató de investigar la razón por la que este punto era tan importante, pero no pudo obtener información por parte de Pablo. Entonces nuestro colega se reunió con Pedro y le dijo que los muebles no eran negociables. Discutieron varias opciones por un rato y finalmente Pedro nos dijo: «Yo me quedo con 175.000 del dinero y él se puede quedar con los muebles y los $25.000 restantes».

Cuando nuestro colega le dijo que eso no era justo ni razonable, Pedro sencillamente nos dijo: «Preséntenle mi oferta».

Para sorpresa nuestra, Pablo inmediatamente aceptó y firmó la propuesta de Pedro. Los bienes restantes se dividieron sin problemas.

Cuando terminamos la reunión y estaban empacando todo, nuestro colega le preguntó a Pablo por qué estaba tan dispuesto a pagar un precio tan alto por los muebles, pero él no reveló sus motivos.

Varias semanas después nuestro colega se encontró con Pablo en la calle y le preguntó de nuevo cuál era la importancia de aquellos muebles.

Pablo respondió: «Hace muchos años empezamos ese negocio de la nada. Éramos solamente nosotros y nuestras esposas; trabajábamos juntos, nos reuníamos regularmente y tomábamos vacaciones juntos. Al pasar los años nos distanciamos y, en algún momento, nuestras esposas empezaron a disgustarse entre sí. Mientras me preparaba para ir a la reunión ese sábado por la mañana, lo último que me dijo mi esposa al salir de casa fue: "Yo escogí todos los muebles de esa oficina, son nuestros; no regreses a casa sin ellos"».

Pablo hizo todo eso para quedar bien frente a su esposa y guardar las apariencias.

La razón de esta historia no es explorar ni analizar las dinámicas internas del matrimonio de Pablo, queremos mostrar un ejemplo de cómo el deseo de quedar bien puede paralizar las negociaciones en una compañía. Si uno no está prevenido puede hacerle las cosas más difíciles.

Nosotros enseñamos destrezas para negociar alrededor de todo el mundo y muchas de las tácticas y habilidades son universales. Aparentar es una excepción muy interesante a la regla, porque aunque es muy importante en todo el mundo, muchas culturas occidentales casi nunca ven esto como una destreza para negociar. Es un error enorme. Muchas culturas orientales son más sofisticadas en términos de reconocimiento y transacciones para reconocer y tratar con estos temas en la medida que surgen. Ya que entender la importancia de guardar las apariencias es una destreza clave, este capítulo enfatizará también la importancia e impacto de ello en las negociaciones.

Estas situaciones por lo general no son tan obvias y a lo mejor no están directamente relacionadas con los temas del negocio del cual están discutiendo, pero son tan reales e importantes como cualquier otra cosa que se haga dentro de la negociación.

> CONSEJO PARA NEGOCIACIONES PROFESIONALES

Casi siempre hay al menos un punto que exige guardar apariencias en toda negociación. Ser capaz de reconocerlo puede ser decisivo para su éxito.

¿Qué clase de cosas crean situaciones en las que hay que guardar apariencias?

Este tipo de situaciones pueden ser motivadas por numerosas cosas que suceden tras el escenario de la negociación. Algunas de las más comunes son:

▲ Alguien es nuevo. Cada vez que hay alguien nuevo en la compañía, usted tiene ante sí situaciones potenciales para guardar apariencias; una persona nueva siempre siente que necesita confirmar la decisión de la compañía que lo empleó haciendo un buen trabajo en la negociación. Si el jefe del nuevo empleado está en la oficina, se sentirá particularmente presionado a hacer las cosas bien. Si el nuevo empleado es el jefe, sentirá que necesita mostrarles a sus empleados su capacidad gerencial. Cuando usted entra en una negociación y se entera de que alguien del otro lado recién ha asumido la posición, manténgase alerta, en caso de que éste quiera aparentar.

▲ La otra parte se compromete más de lo que puede. Algunas veces alguien del lado opuesto hace algo tonto, probablemente le diga que está autorizado para hacer el negocio y después usted descubre que no es así. A lo mejor esa persona le dijo a su jefe que podía comprar los productos de usted con un descuento de 40% del precio, pero usted no puede darle más de 25%. Quizá todos los proyectos de la persona estén por encima del presupuesto y retrasados. Eso es problema de esa persona, ¿verdad? ¡No! Es suyo también. Si no consigue una manera de que esa persona quede bien con su jefe, no tendrá mucha esperanza de cerrar el trato.

▲ Quizá el problema sucedió a un nivel más alto. Es probable que el comprador no hiciera nada indebido, pero su jefe sí. Es posible que la compañía se comprometiera a incrementar sus ventas 15% y sus ganancias 20% este año. Si ya es julio y ni las ganancias ni las ventas han alcanzado el nivel esperado, le puedo garantizar que las estrategias para guardar apariencias del nivel «C» están bajando a cada nivel y departamento de la compañía. Posiblemente haya anuncios semanales acerca de la necesidad de disminuir gastos, incrementar las ventas, apretarse los cinturones, entre otras cosas, y créame que ese ambiente afectará sus negociaciones.

Estos son solamente algunos ejemplos de las circunstancias que podrían crear situaciones para que sus clientes queden bien; ciertamente, usted puede pensar en muchos más. Pero el punto es que son tan reales para la otra parte como cualquier otro asunto sobre la mesa, y a veces mucho más importantes.

Cuando prepare sus negociaciones con un cliente, esté siempre alerta a las situaciones que quizá propicien puntos para aparentar. Si los puede descifrar desde el principio, fácilmente puede crear una estrategia para tomarlas en cuenta, así como planear sus movimientos de tasaciones y estrategias de retirada (vea el capítulo 9).

Su discernimiento en otra organización nunca será perfecto, sin embargo, a veces quizá sea atacado por algo que le impulse a guardar las apariencias, algo que no esperaba. Para tratar con eso eficazmente, debe entender primero lo siguiente.

Varias cosas le pueden señalar que alguien está tratando de guardar apariencias, pero el primer indicador es este: usted está en medio de una negociación, las cosas han estado avanzando más o menos de la manera en que lo pensó y planificó; de repente, la otra parte se empecina en un comportamiento ilógico para usted. Es en ese instante cuando su intuición le dice: *¡Ah! Tenemos un problema disimulado.*

Reconocer una situación aparente es ganar la mitad de la batalla, a veces la

> ➤ CONSEJO PARA NEGOCIACIONES PROFESIONALES
>
> Un cambio repentino en el comportamiento o conducta durante una negociación puede ser un aviso de que la otra persona puede estar ocultando una situación.

▲ Confirme sus sospechas. ¿Cómo? Preguntando. Diga algo como: «Ayúdeme a entender por qué este punto en particular es tan importante para usted» o «¿Puede decirme por qué se siente tan seguro con esto?» Eso le ayudará a comprobar si su cliente está usando estrategias para disimular. En alguna oportunidad le manifestará las cosas tal y como son; otras veces usted tendrá que adivinar o inferir lo que él hace (o no hace) o dice. En cualquier caso, usted debe determinar por qué su cliente necesita disimular. Sólo entonces puede empezar a planificar lo que se debe hacer.

▲ Planifique cómo resolver el asunto. Si va a continuar con la negociación tiene que calcular cómo hacerlo de manera que su cliente lo vea como que obtuvo lo que buscaba. Si es una concesión de precio, debe proponer algo que luzca como una reducción. (Nota: no hemos dicho que usted tenga que cortar o bajar su precio. Dijimos que usted necesitaba algo que «se vea como» una rebaja. Usted puede cambiar las características del pedido o modificar la forma de presentar los montos o cantidades de dinero si eso es bueno a los ojos del comprador.) Si el problema son los términos, fechas de entrega, garantía o las instrucciones, usted necesita trabajar duro para obtener lo que el comprador requiere. De otro modo, él se mantendrá en su posición y lo único que cambiará será el nivel de frustración en la sala de negociaciones.

▲ Calcule lo que va a pedir a cambio. Una vez que tenga una idea de lo que el otro necesita para quedar bien al final, usted necesita proponer algo de igual o mayor valor a cambio. (Recuerde, en las negociaciones, nunca damos algo sin pedir otra cosa a cambio.) Si puede identificar los aspectos que implican el disimulo, entonces puede redactar con antelación la lista de cosas que pedirá a cambio. Si los puntos encubiertos surgen de repente, tal vez va a tener que sacar de la galera alguna estrategia para tratar con la situación. No es mala idea tener preparada una lista de cosas que usted pudiera pedir a cambio, por si acaso se enfrenta a esa situación. Algunas de estas pueden ser: duración del contrato, más unidades de ciertos artículos de la compañía, mayor cantidad de artículos de la línea de productos de su compañía o un plan de pagos más breve.

> ➤ CONSEJO PARA NEGOCIACIONES PROFESIONALES
>
> Para poder resolver estas situaciones encubiertas, primero calcule qué tiene que dar usted para que los otros puedan guardar las apariencias y después tenga listo lo que les va pedir a cambio.

Usted sabe, el hecho de que el comprador tenga problemas no es razón para que usted le regale su tienda. Para decirlo en otras palabras, tiene que hacer todo lo posible para que su cliente salga con lo que necesita y usted con algo a cambio de parte del cliente (con el mismo o mayor valor).

Supongamos que está llamando al nuevo gerente de compras de un cliente potencial. Al planear la llamada, ¿le parece lógico empezar la conversación hablando del precio más bajo que puede ofrecer? No, los compradores por lo general son evaluados por su habilidad de negociar los precios más bajos con sus proveedores. Necesita iniciar con una oferta que tenga cierto margen de negociación para que el comprador se sienta como que «ganó», necesita mostrarles a sus jefes que hizo un buen trabajo para ellos. En la medida en que permita que él negocie el precio, usted debe tener una lista de cosas que puede pedirle en intercambio, para equilibrar las concesiones que está haciendo.

Si cree que las únicas situaciones en las que se guardan apariencias son las que hemos discutido hasta ahora, piense en éstas que han llegado a nuestros seminarios:

Transacciones de bienes raíces: Imagine la dinámica entre un agente de bienes raíces residencial y dos matrimonios (compradores y vendedores). Usualmente los problemas no son entre el vendedor y el comprador sino entre cónyuges, uno de cada lado discutiendo por cosas como estrategias de precios, aceptando y rechazando ofertas, etcétera.

Inversiones: El encargado del uso del dinero ha perdido gran parte invirtiéndolo en compañías de Internet. Él o ella lo hizo a pesar de que su asesor financiero le dijo que no era buena idea. Ahora los tres se sientan para discutir las pérdidas. ¿Hay razón para guardar las apariencias aquí?

Cotizaciones: Un vendedor ha permitido que el cliente le argumente a tal grado que acuerdan un precio muy bajo, cuando el gerente revisa el trato que acordaron lo rechaza por ser muy bajo el precio. ¿Qué tiene que hacer el vendedor (o el gerente) en esta situación?

Fecha de entrega: Para competir con otra compañía, el vendedor promete que cierto producto estará listo en ocho semanas, el problema es que no va a ser así, si acaso estará listo en doce semanas. El vendedor trata de convencer al proveedor para que ponga ese producto de primero en la línea de montaje, pero no se puede. ¿Quién va a llamar al cliente con las malas noticias?

No todas las situaciones en las que haya que guardar apariencias ocurren en escenarios pequeños. Tal vez recuerde ésta, que fue nota en los medios masivos de información:

El 1 de abril de 2001 un avión de vigilancia EP-3E de la fuerza naval estadounidense cayó tras una colisión con un avión chino de combate F-8; este se hundió en el océano de China del Sur y nunca se encontró ni el avión ni el piloto. El avión estadounidense perdió la cabina y una de sus cuatro hélices en el accidente, el piloto, Shane Osborn, hizo un aterrizaje forzoso en la isla Hainan de China; de inmediato fue rodeado por soldados chinos y sus veinticuatro ocupantes fueron detenidos.

China y Estados Unidos se culparon uno al otro por el accidente.

China exigió una manifestación pública de perdón por parte de Estados Unidos como condición para liberar al equipo. Los chinos también mantuvieron firme su posición de no permitir que el avión espía volara fuera del espacio aéreo chino y que todos los vuelos de vigilancia en el área fueran suspendidos.

Estados Unidos negó ser el causante del incidente del que culpó a la poca pericia del piloto chino, por lo que exigieron la liberación de la tripulación y el avión. Durante los siguientes días, cada lado mantuvo su posición, con las declaraciones públicas creciendo intensamente.

Los chinos dijeron que el avión estadounidense nunca volaría fuera de su espacio aéreo, además comenzaron pidiendo cincuenta millones de dólares como compensación por la pérdida de su avión de combate y piloto; exigieron una declaración pidiendo perdón por causar el incidente y por aterrizar el avión averiado en territorio chino sin autorización.

Estados Unidos insistía en la liberación inmediata del equipo y la devolución de la nave. La intensificación de las tensas relaciones amenazaba lo que había sido una relación creciente de cooperación entre los dos países respecto a una variedad de asuntos importantes. A puertas cerradas, los negociadores de ambos lados trabajaban contra reloj para encontrar una forma de resolver la disputa sin dañar la reputación de uno u otro lado.

Finalmente el 11 de abril hubo una solución.

Lo que sucedió:

➤ El Presidente Bush publicó una declaración en la que expresó su pena por la pérdida del piloto chino y se disculpó por el aterrizaje del avión en territorio chino sin permiso.

➤ Estados Unidos envió un avión civil para llevar al equipo de la marina de regreso a su país.

➤ El avión espía fue desmantelado y se embarcó dentro de un avión gigante de carga ruso.

▲ Estados Unidos pagó a China cerca de 50.000 dólares americanos para solventar los gastos relacionados con el incidente.

Entonces ¿cómo resolvieron el asunto de las apariencias?

Para Estados Unidos:

▲ Los estadounidenses nunca pidieron perdón directamente, ni se responsabilizaron por el incidente.

▲ No pagaron una cantidad cercana a los cincuenta millones de dólares exigidos.

▲ Recuperaron su equipo y el avión.

▲ No aceptaron eliminar ni detener los vuelos de vigilancia.

Para China:

▲ Los chinos obtuvieron una declaración del Presidente Bush muy parecida a un pedido de perdón cuando la tradujeron al chino.

▲ Pudieron decir que Estados Unidos los compensó por el incidente.

▲ El avión estadounidense no salió volando del espacio aéreo chino por su propio poder.

▲ No confesaron responsabilidad alguna en el incidente.

Al final ambos consiguieron lo que necesitaban para mantener las apariencias con su propia gente y la comunidad internacional; eso les permitió regresar a sus negociaciones en cuanto a tratados comerciales vitales y otros asuntos económicos entre ambos. Esa situación potencialmente explosiva fue resuelta por negociadores que entendieron la importancia de guardar las apariencias. La capacidad de reconocer y tratar con esas situaciones es lo que marca la diferencia entre los grandes negociadores y todos los demás. Ahora que ha aprendido a identificar y cómo reaccionar frente a esas situaciones se sorprenderá cuánto más eficaz podrá ser cuando las cosas se pongan difíciles.

Podemos crear nuestras propias situaciones para guardar las apariencias

Otro punto a considerar: aunque otras personas o acontecimientos puedan propiciar problemas de apariencias, a menudo nuestros propios egos son los responsables de ello. Hace poco, durante un descanso para tomar café en uno de nuestros talleres, un exitoso negociante nos contó su historia respecto de las apariencias.

Nos dijo:

Hace un par de años pusimos nuestra casa a la venta y se vendió casi inmediatamente por el precio inicial. Los compradores expresaron interés en un columpio grande que hicimos para nuestros niños, el columpio no quedaba bien en la nueva propiedad y ellos nos hicieron una oferta para comprarlo.

Como nuestros hijos habían crecido como para seguir utilizando este tipo de juegos, me interesó venderlo, pero la oferta -en mi opinión- era muy baja. Yo me esforcé mucho en la construcción de ese juego y no tenía intenciones de darlo en un precio de remate.

El comprador no se acercaba a lo que yo consideraba que valía y ambos estábamos afianzados en nuestra posición, finalmente ambos desistimos de intentar cualquier clase de trato. Terminé pagándole a alguien para desmontar el columpio y llevárselo al basurero, todo porque me empeciné demasiado en no aceptar un precio tan bajo. No fue la mejor decisión comercial que he hecho, pero al menos entiendo ahora por qué lo hice.

El representante de uno de nuestros clientes Fortune 500 nos llamó para solicitar nuestra ayuda en la negociación de un acuerdo que implicaba dividir un pago que la compañía había prometido a un cliente. Nuestra primera pregunta fue: «¿Ha pensado en los puntos en que hay que guardar las apariencias con respecto a esa petición?» El silencio al otro lado del teléfono fue todo lo que escuchamos. Incluso aunque resultó ser una petición razonable dentro de las circunstancias ocasionadas, el hecho de que el cliente debía guardar las apariencias internamente tenía que tomarse en cuenta, de lo contrario nunca consideraría la petición.

Entender y responder adecuadamente a esas situaciones puede hacer la diferencia entre cerrar un trato o golpear su cabeza contra la pared.

Un ejemplo más, también tomado de un taller con Vistage (antes conocido como TEC). Un participante contó esta historia:

Yo había acordado, desde hacía mucho tiempo atrás, comprar las acciones del fundador de nuestra compañía al pasar diez años. Cuando llegó el momento de reunirnos y discutir el acuerdo de compra, él se negó; yo sabía que quería huir de las molestias que implicaba dirigir el negocio, pero se empecinó en continuar haciéndolo y rechazó hablar de la venta.

Me tomó tres meses entender lo que estaba pasando: Su problema con la venta era que eso lo dejaría desempleado o jubilado. Y no quería estar en ninguna de esas dos categorías; no quería tener que decirles a sus compañeros y amigos del club que ya no tenía trabajo.

Cuando entendí cuál era el problema, no me tomó mucho tiempo encontrar una solución: creamos una nueva posición para él: vicepresidente de operaciones. Eso alimentó su ego y a mí me proporcionó lo que quería: el control de la compañía. Si yo no hubiera entendido este detalle, pienso que él nunca me habría vendido el negocio.

Reiteramos, casi siempre hay por lo menos un punto relativo a las apariencias en toda negociación.

No entre a una negociación sin entender cual podría ser ese punto, y no olvide buscar otros puntos similares cuando esté negociando. Si su contraparte de repente deja de ser razonable y se fija en un punto particular, no siga insistiendo en ese tema, espere a que cambie de opinión repentinamente y comience a actuar de forma razonable. Usted tiene que hacer suficientes preguntas abiertas para entender lo que está sucediendo y lo que él necesita a fin de guardar sus apariencias; y quizá lo más importante, es lo que usted va a pedir a cambio para ponerle fin al problema. Como suele decirse: «Inténtelo. ¡Le gustarán los resultados!»

Veamos algunos ejemplos de preguntas abiertas para descubrir asuntos de guardar apariencias:

➤ Ayúdeme a entender por qué este punto en particular es tan importante para usted.

➤ ¿Qué ha cambiado, en su área, desde la última vez que hablamos de este trato?

➤ No entiendo por qué es tan difícil tratar este tema; ¿puede ayudarme a verlo desde su perspectiva?

➤ ¿Podría decirme cómo es que llegamos a este punto?

➤ Para que este trato pueda agilizarse, ¿hay algo que esté pasando tras bastidores que deba saber?

➤ Siento que algo falta, ¿puede ayudarme a ver el cuadro completo para saber en dónde estamos?

CAPÍTULO 9

PLANIFICACIÓN:
LA CLAVE DEL PODER

HACE UNOS AÑOS, A RON LE PIDIERON QUE AYUDARA A
preparar a una empresa de servicio público de Virginia, Estados Unidos,
para una negociación con una sucursal más grande en el noreste del país.
Nuestro cliente ya había trabajado con esa sucursal y, después que terminó, la sucursal decidió que la cantidad de órdenes de cambio era muy
grande y costosa. Se visitó al cliente y durante días se preparó a dos vice-
presidentes y al presidente. Ellos practicaron constantemente una apertura
de veinticinco minutos, hasta que casi era perfecta. Entonces, el presidente llamó a la sucursal y solicitó iniciar la reunión programada dos días después. La empresa estuvo de acuerdo, dos días después se inició la reunión.
Después de que los tres ejecutivos de nuestro cliente presentaron su apertura casi impecable, el vicepresidente principal de la compañía golpeó con
su puño la mesa y le siguió un silencio de muerte. Mientras esperaban su
«explosión», él se volvió a su equipo y les dijo: «¡Estas personas están muy
bien preparadas para esta reunión y nosotros no!»; entonces, dirigiéndose
al equipo de nuestro cliente les dijo: «Les pido disculpas porque mi equipo

no está preparado para responder a sus comentarios de apertura. Iremos al salón contiguo y volveremos en una hora».

Con eso, el equipo de la compañía abandonó la sala.

¡Durante las próximas cuatro horas, nuestro cliente obtuvo virtualmente todo lo que el equipo pidió en su apertura! ¿Es efectiva la planificación? Creemos que sí.

Casi podemos escuchar lo que están pensando: *¡Oh! ¡Planificar, apuesto a que este capítulo sí que va a estar emocionante!* Quizá.

Todo depende de cómo defina la palabra emocionante. Lo cierto del asunto es que la planificación efectiva es la clave para tener poder en las negociaciones. Ya lo hemos declarado varias veces en este libro y tal vez lo repitamos nuevamente antes de terminarlo. Si estudia detenidamente lo que usted va a hacer y cómo lo va a hacer, podrá prepararse para las objeciones, tácticas y obstáculos que, indudablemente, el comprador lanzará en su camino. Todos quisiéramos tener más poder en nuestras negociaciones y planificar es la mejor manera de lograrlo.

Por qué es importante la planificación

Prepararse le permite desarrollar su estrategia tranquila y lógicamente, a diferencia de «improvisar» en la reunión. Hecha correctamente, la planificación le dará poder porque:

➤ Elimina la presión que siente cuando tiene que dar una respuesta espontánea.

➤ Puede anticipar las estrategias que podrá utilizar la contraparte, ya que el tiempo de preparación le permite estudiar detenidamente lo que el otro solicitará en la negociación, esto le permitirá diseñar estrategias de contra-ataque efectivas.

A A partir de la observación, desde la perspectiva de ambas partes, usted puede identificar las áreas de interés común y usarlas como base para la colaboración.

A Puede identificar los asuntos que potencialmente salvarían su reputación y sabrá cómo tratarlos.

A Usted puede separar las cuestiones que van a ser relativamente fáciles de resolver de aquellas que serían problemáticas; así será más fácil encontrar soluciones para ambos casos.

A Puede elaborar una lista de anzuelos y «contra-anzuelos» (vea el capítulo 5) para que los tenga listos cuando llegue el momento de hacer intercambios.

A Si usted identifica su punto de «retirada» con antelación, anula la posibilidad de involucrarse emocionalmente en la negociación y hacer algo imprudente.

A Puede pensar qué va a hacer si, por alguna razón, este trato no se realiza; esto impedirá que el pánico lo invada.

Si la idea de involucrase en una negociación, con un plan de acción bien trazado bajo el brazo, representa un desafío para usted, entonces este capítulo será verdaderamente emocionante.

El proceso

Muchos vendedores piensan que ya han realizado su planificación. Cuando hablan de planificar se refieren a los diez minutos que pasaron en el salón de espera del vendedor y las notas que garabatearon al dorso de un folleto de la compañía. Tal vez llamaron a su encargado de ventas y hablaron de la cuenta unos minutos el día antes de la visita.

Eso no es planear. Es una receta para que le roben.

Nuestra compañía está involucrada en muchas negociaciones complejas y nos dimos cuenta hace años de que la planificación era esencial para nuestra supervivencia y éxito. Ninguno de los enfoques establecidos previamente nos dio resultado, por lo que desarrollamos unos propios. Durante los últimos años hemos mejorado y refinado esta guía. Usted encontrará al final del libro, en el Apéndice I, la «Guía de planificación de negociaciones»; es un documento simple del que hemos impreso cientos de miles de copias y las hemos distribuido a los participantes de nuestros talleres y seminarios por todo el mundo. Muchos de ellos han instalado el formulario en sus computadoras y lo han modificado para que encaje en los lineamientos de negociación particulares a los que se enfrentan con regularidad. Eso no representa problema alguno para nosotros. Estos mismos clientes reportan ahorros de casi dos mil millones de dólares y lo ven como consecuencia de la utilización de este instrumento, así que debe haber algún valor en él. Vamos a revisar cómo trabaja:

Lo que ellos quieren

¿Por qué siempre comenzamos con este punto? Porque si usted sabe de dónde viene la otra parte, puede desarrollar una estrategia para enfrentarlo. La empatía (la capacidad de ponerse en los zapatos de otro) es una habilidad básica para un vendedor efectivo y un gran negociador. Otra razón para comenzar de esta forma es que a menudo, esta es la parte más difícil del proceso y es mejor enfrentarlo cuando usted está fresco. Entonces ¿qué quiere la contraparte? No simplifique demasiado aquí, estúdielo detenidamente. Por supuesto, ellos quieren buena calidad y precios bajos, pero ¿qué es más importante? Aquí damos algunos ejemplos:

- Entregas a tiempo,
- apoyo logístico,
- facturas exactas,

- apoyo con publicidad,
- ayuda para estudio y desarrollo de nuevos productos,
- empaque especial,
- existencias,
- colores y tamaños personalizados,
- pocos casos de productos devueltos,
- consolidación de proveedores,
- relaciones a largo plazo.

Y mucho más. Es muy útil que en este punto elabore una relación tan completa como pueda para el cliente particular para el que se está preparando. Mientras más conocimiento tenga de las preocupaciones de su cliente, mejor preparado estará cuando desarrolle su estrategia.

> **CONSEJO PARA NEGOCIACIONES PROFESIONALES**
> Empatía es la capacidad de ponerse en los zapatos de otro; es una habilidad esencial para un vendedor efectivo y gran negociador.

Lo que yo (nosotros) quiero

Una vez que haya completado la lista de deseos del cliente, usted necesita estudiar detenidamente lo que espera llevarse de esa negociación. De nuevo, sea cuidadoso. Usted quiere conseguir (por lo menos) un precio justo para sus productos o servicios, pero ¿qué más quiere del trato? Considere estos ejemplos:

- Un cliente satisfecho que le refiera o dé un negocio adicional,
- pocos casos de productos devueltos,
- entregas a tiempo,
- una relación de trabajo más cercana con nuevos productos en desarrollo,

⅄ ningún dolor de cabeza por facturación,

⅄ oportunidad de vender artículos adicionales a este cliente,

⅄ la lista de compra para incrementar eficiencia industrial para su compañía.

El punto aquí es que por lo general hay más cosas que el simple precio y cantidad, usted debe estudiar detenidamente cuáles son, de modo que pueda usarlos en el desarrollo de su estrategia para esta cuenta. Ellos también se asegurarán de que usted tenga una proposición que valga la pena.

Paridades potenciales

Después de que haya terminado ambas listas tiene que revisarlas y compararlas. Necesita encontrar puntos comunes en los que usted y su cliente deseen lo mismo de la negociación; por ejemplo, ambos podrían tener «pocos casos de productos devueltos» en sus listas, probablemente quieran que los asuntos de trabajo fluyan con un mínimo de problemas en cuanto a la contabilidad, es posible que ambos deseen que la calidad del producto esté en un nivel de aceptación e incluso exceda sus expectativas, etc.

Este paso le permite visualizar una lista de cosas con las cuales está en acuerdo con su cliente. Como ya leyó en el capítulo 4, usted puede comenzar su reunión con una declaración de apertura agradable como esta:

Hemos esperado ansiosamente reunirnos con usted esta mañana. Durante la preparación de esta reunión, hemos identificado los puntos que pueden beneficiarle, así como los nuestros. Hemos detectado algunas áreas que creemos ya estamos de acuerdo; por ejemplo, ambos tenemos interés en desarrollar una relación a largo plazo que nos beneficie mutuamente, además queremos que este proyecto tenga éxito más allá de lo presupuestado originalmente. Tenemos aquí la oportunidad para desarrollar un poco de tecnología avanzada, que producirá un efecto positivo en ambas compañías. Existen algunas áreas en las que las dos partes tenemos ideas sobre cómo resolver estos puntos, de manera que ambos ganemos.

Esto puede parecer ser un punto insignificante, pero iniciar la reunión de esta manera le permitirá realizar un sinfín de cosas, todas ellas buenas:

1. Le está diciendo a la otra parte que esta reunión es muy importante para usted, por la forma en que se ha preparado para ella. Usted no va a jugar ni a perder su tiempo (como muchos de los otros vendedores que lo han visitado).

2. Usted le está diciendo a la otra parte que ha tomado en cuenta su punto de vista, esto significa que no solamente se ha enfocado en «sus ganancias» o en su beneficio.

3. Usted ha encontrado algunas áreas en las que coinciden, estos puntos no van a provocar la Tercera Guerra Mundial.

4. Podrá haber algunas discusiones arduas en algunos puntos, pero usted ha buscado soluciones con las que ambos ganen, a diferencia del modelo ganar-perder.

Si hace esto correctamente, su trabajo será mucho más fácil porque el comprador no va a estar a la defensiva, creyendo que usted no sólo busca su beneficio personal sino también el de él. Ante esta situación, el comprador es mucho más receptivo a compartir información con usted y trabajará para solucionar de manera cooperadora en los puntos más difíciles.

Áreas clave de discusión

Esta es una forma agradable de decir: «¿Cuáles pensamos que pueden ser las áreas problemáticas en la negociación?» Tal vez sea el precio, fechas de entrega, posiblemente el comprador quiera un tamaño o un color que usted no ofrece, o todas las anteriores. Lo que sea que haya identificado como puntos difíciles, tienen que ser considerados cuidadosamente antes de la reunión.

Tal vez tendrá que reunirse con los miembros de su equipo o colegas para crear soluciones innovadoras. Necesita considerar y evaluar todas las alternativas posibles, desde el punto de vista del cliente para ver cuáles funcionan mejor para satisfacer sus aspiraciones comerciales y personales.

Si puede proponer al menos una solución creativa, en la que ganen ambos, con los puntos de esta lista, usted está a la vanguardia, camino a una reunión con un cliente importante y con esperanzas de proponer alternativas que funcionen.

Hasta ahora, todo lo que usted ha anotado en este lado de la hoja de planificación es de colaboración y empatía. De hecho, no hay razón alguna por la cual, en teoría, usted no pueda compartir esa información con su cliente. Enfatizamos en *teoría* porque usted realmente no haría eso, pero si el comprador por casualidad diera una ojeada a la primera página de su hoja de planificación, todo lo que vería es que usted ha balanceado las cosas desde ambos puntos de vista, ha identificado las áreas donde probablemente concordarán y en las que usted tiene que hacer su trabajo.

No hay nada de malo en eso, ¿cierto? Eso refuerza el mensaje de que usted es un profesional y que se ha preparado para la reunión.

No obstante, recomendamos que no le muestre por completo el registro de planificación al comprador, ya que en esas hojas está escrito el trabajo que usted todavía tiene por hacer y esa información, definitivamente, no es conveniente que se conozca.

Sus criterios de evaluación

Conocer el manejo de su cliente, sus aspiraciones, expectativas, etc., le permitirá discernir cómo se comportará durante la reunión, lo que es importante para él y los puntos que enfatizará.

Por ejemplo, supongamos que su cliente es un gerente de compras y sus comisiones dependen de su capacidad para negociar descuentos de la lista de precio. ¿Cuáles son las probabilidades de éxito si usted llega con una estrategia de «lista de precio o nada»?

Esa persona necesita enseñarles a sus superiores que hizo su trabajo consiguiendo «un mejor precio» y el mejor negocio para la compañía.

Si su cliente tiene un incentivo especial para terminar un proyecto en ocho semanas y usted fija un plazo de doce, ¿cuál es la probabilidad de que usted firme esa orden? Un cliente recientemente nos platicó una historia interesante que refuerza este punto:

> Mi compañía hace muchos negocios con una oficina particular del gobierno. Yo tenía muchos problemas con mi comprador, hasta que entendí que a él se le evaluaba según lo semejante que nuestra oferta fuera con la factura final. Siempre y cuando esos documentos fuesen casi idénticos, él quedaba bien con su jefe y se sentía satisfecho. ¡En realidad, el precio no era la razón!

¿Ve por qué esta información es importante?

Hay muchas formas de identificar esos criterios de evaluación, pero a menudo la mejor forma de hacerlo es preguntarle directamente al otro (cliente, comprador etc.), «lo que necesita de esta discusión para enseñarles a sus superiores que ha hecho un buen trabajo para ellos». Otras fuentes para obtener esta información serían otros vendedores, compañeros de trabajo, informes de compañías, asociaciones comerciales, ex empleados, etcétera.

Usted tiene que entender, de antemano, de dónde viene la parte con la que está negociando y lo que necesita, a fin de quedar bien. Si usted puede entender cómo darle eso, la negociación va a tener un resultado final óptimo y quizá tendrá que dar menos.

Asuntos que requieren guardar apariencias

¿Qué sucede con este comprador o compañía que pudiera suscitar algunos asuntos que requieran guardar apariencias? Estudie cuidadosamente este punto.

Aquí están las preguntas para reflexionar en cuanto a asuntos que requieren guardar apariencias:

▲ ¿Es el comprador (o su jefe) nuevo en este trabajo o en la compañía?

▲ ¿Es seguro el trabajo del comprador, o tiene problemas?

▲ ¿Está este proyecto a tiempo y dentro del presupuesto?

▲ La compañía del comprador ¿tiene estabilidad financiera?

▲ ¿Qué dicen los analistas financieros sobre la compañía?

▲ ¿Quién más se sentará en la negociación?

▲ ¿Realmente tiene el comprador la autoridad para hacer este trato?

▲ Esta persona, ¿ha hecho un informe, estado de cuenta, o simplemente lo tiene todo en su memoria?

Las mismas herramientas que usó anteriormente para reunir otra información pueden ser utilizadas para ayudarle a responder esta clase de preguntas. La clave está en identificar, qué asuntos podrían ser, de manera que pueda formular una estrategia que permita que el comprador mantenga su reputación sin darle algo que usted no desea. Usted también debe pensar qué quiere obtener a cambio.

A menos que usted desarrolle una solución, su negociación va a ser más difícil porque el comprador no va a estar de acuerdo con una oferta que lo hace quedar como el malo de la película. Busque la manera de hacerlo sentir como un héroe. Sólo asegúrese de que usted sabe lo que quiere a cambio.

Movimientos para fijar precios

Hacer concesiones durante una negociación es bastante común. Duele dejar algo, pero causa menos dolor si usted de antemano estudia cómo y cuándo hacer concesiones. Para los objetivos de esta discusión, nos enfocaremos en los movimientos de precio, aunque las mismas reglas y estrategias no aplican a concesiones monetarias (como términos de pago, duración del contrato, alcance del trabajo o cualquier otro).

Precio final

Siempre comience con el precio final. ¿Por qué? Porque a menos que ya sepa en qué punto ya no le interesa el trato, usted podría dejarse llevar por las emociones y hacer algo que lamentaría más tarde. Usted debe tener por escrito el monto final de su precio, ya que no debe nunca ir por debajo del mismo.

Para ilustrar este punto, consideremos un supuesto trato. Los números no son determinantes, sólo siga el proceso: en la preparación de una negociación con un cliente importante, usted revisa los números para el trato y decide, basado en sus gastos y pautas de la compañía, que si no puede conseguir el trato por 13.500 o más dólares, entonces no quiere el negocio. De manera que 13.500 dólares es su precio final.

Conociendo este número y lo que significa, y además llevándolo por escrito, usted no tiene posibilidades de cometer una equivocación al fijar los precios al calor del momento. Este conocimiento le da confianza y le hace saber quién tiene el poder.

> ➤ **CONSEJO PARA NEGOCIACIONES PROFESIONALES**
>
> Empatía es la capacidad de ponerse en los zapatos de otro; es una habilidad esencial para un vendedor efectivo y gran negociador.

Lo máximo

Este es el mejor precio con el cual usted espera cerrar el negocio. En algunos casos, será igual al precio de lista. En otros, esto será un precio ideal basado en el costo más un alto beneficio bruto para su compañía. Pase lo que pase, lo máximo es lo que usted conseguiría si todo saliera perfectamente y el comprador se comportara de la forma que usted esperaba. Digamos que fueran aproximadamente 15.000 dólares para los objetivos de este ejemplo.

Eso nos lleva a nuestro siguiente punto: en un negocio, nunca haga una cotización con un número redondo. Ver números redondos es una invitación perfecta para negociar, cualquiera puede calcular el 5 o 10% de descuento de un número redondo, y seguramente lo hará. Un número como 15.286 dólares da la impresión de que usted pasó toda la noche haciendo cálculos, así que usted llamará a eso su máximo.

> **CONSEJO PARA NEGOCIACIONES PROFESIONALES**
> Evite los números redondos en sus cotizaciones. Esas cantidades parecen arregladas e invitan a la negociación.

Punto de partida

Este es el número que usted empleará cuando abra la negociación. En algunos casos, este será su valor máximo, en otros, usted puede decidirse por comenzar con un precio inferior debido al poder adquisitivo de su cliente, una relación comercial existente o presiones del mercado.

Si usted visita a un agente de compras para una compañía grande, las probabilidades de salir con un pedido con el precio de lista son mínimas, aunque tenga un producto exclusivo o el servicio que el cliente necesita y no puedan conseguirlo en ninguna otra parte. Usted tiene que hacerle sentir al comprador que ha «ganado» y conseguido algunas concesiones para su compañía. De otra forma se arriesga a ponerlo en una situación en la que deba mantener su reputación frente a los demás compradores. Aunque tenga el poder de hacerlo, el comprador nunca olvidará esa situación y buscará formas de tomar revancha contra usted.

Por esa razón tiene que estudiar detenidamente su punto de partida. Debe ser realista y capaz de sustentar con argumentos todo lo que se le cuestione con respecto a este número. Nunca deberá parecer arreglado o inflado.

Supongamos que usted decide que está listo para ofrecerle al cliente el paquete que quiere por 14.665 dólares. Ese es su punto de partida, y representa un descuento de casi 5% de su precio de lista. Note que eso no es exactamente 5%. De nuevo podemos visualizar un trabajo con mucha lógica, basado en los componentes de costos implicados. Usted no está dando golpes fuertes, sólo se muestra bastante dócil en el negocio.

Primer movimiento

Ahora usted tiene un precio máximo, sabe que tiene que entrar y mostrarle a este cliente un precio que, basado en presiones de mercado y volumen del cliente (así como también en su orgullo profesional), es lógico. Es nuestro sincero deseo que al poner en práctica las técnicas expuestas en este libro, usted tenga la capacidad de estrechar la mano de su cliente después de firmar el pedido con el precio que usted proyectó. Pero ¿qué pasa si no lo consigue?

¿Y si el comprador actúa como lo que es: «un comprador» y amenaza, patalea y grita? Usted tiene que estar listo para hacer un movimiento para fijar precios si es necesario.

El tiempo para calcular y entender ese movimiento no lo tomará sentado en la oficina del comprador, debe considerar y planificar esta alternativa de antemano.

Recomendamos tres cosas en este punto:

1. No haga rebajas con números pares. Por ejemplo, use preferiblemente 3,7%, no 4%, esto dará la impresión de que usted puso mayor énfasis en el estudio y análisis de su número.
2. Evite los números redondos.
3. ¡Pida algo a cambio!

Recuerde, un buen negociador, y usted lo es, nunca da sin pedir algo a cambio. Tan pronto como entienda que el descuento de 3,7% en 14.665 dólares es 542 dólares, escriba el nuevo precio neto (14.123 dólares) en la sección del «Primer movimiento» (vea el Apéndice I).

Sin embargo recuerde que antes de que la tinta se seque, al escribir su nuevo precio, usted debe ir al renglón «Artículos adicionales» («contraanzuelos») y escribir debajo las cosas que va a pedir a cambio del descuento. Por lo general podrá solicitar algo como:

➤ un pago inicial más alto,
➤ términos de pago más rápidos,
➤ artículos adicionales conforme al contrato,
➤ términos de contrato más largos,
➤ consideración para futuros negocios.

Algunas de esas cosas pueden no ser de gran valor para usted o su compañía, pero son importantes para que su cliente entienda que su política de fijar precios es justa y basada en la lógica y que si usted va a modificar su precio, necesitará algo a cambio.

> ➤ **CONSEJO PARA NEGOCIACIONES PROFESIONALES**
> Si usted baja su precio sin pedir algo a cambio, sólo le da a entender a su cliente que trata de aprovecharse de él.

Segundo movimiento

A estas alturas, en algunas negociaciones, ya el trato estará cerrado; otras veces se prolongará por múltiples insistencias, esta es una buena idea para estar preparado y hacer por lo menos un movimiento más. Todas las reglas para el primer movimiento se aplican a este, agregando una más y esto resulta en un gran éxito. Su segundo movimiento siempre debe ser menor que el primero, ¿por qué? Porque si su segundo movimiento es mayor, usted le estará enviando un mensaje a la contraparte de que hay mucha más amplitud en el trato, y ellos ni cortos ni perezosos le darán pelea.

En el ejemplo que mencionamos, su primer movimiento era de 3,7%. Si tuviera que hacer una segunda movida, recomendamos que esté alrededor de la mitad de la magnitud del primer movimiento. Llamémoslo 1,8%, o 254 dólares.

Recuerde, este es su beneficio bruto, el que usted regala; por lo que debe tener a mano de nuevo la sección de los «Artículos adicionales» y lanzar sus anzuelos, en una lista en la que pedirá a cambio algo si tiene que hacer el movimiento. Ahora está en los 13.869 dólares, y se acerca a su precio final.

Planifique algunos movimientos adicionales si piensa que los necesitará. El meollo de todo esto es que cada movimiento debe enviarle un mensaje entre líneas al comprador que le informe que usted ha llegado al punto en que ya no tiene dinero para negociar.

No se enganche con estos números. La estrategia es lo importante.

Recapitulemos:

⚔ No use números redondos en su cotización.

⚔ No rebaje en porcentajes completos.

⚔ Haga movimientos para fijar precios cada vez más pequeños en términos de dólares y porcentaje.

⚔ Pida algo a cambio cuando tenga que dar algo.

⚔ Planifique todas las cosas de antemano y tome nota de ello.

⚔ Escriba siempre su precio final.

> **CONSEJO PARA NEGOCIACIONES PROFESIONALES**
Cada movimiento para fijar precios debe ser menor que el anterior.

Artículos adicionales (Contra-anzuelos)

Hemos enumerado varios contra-anzuelos en una lista incluida en este capítulo y ya se ha explicado cómo debemos usarlos. Cuando usted medite en los siguientes contra-anzuelos, piense en cosas que el comprador podría darle y que no le costarán mucho a él, pero que serían de mucho valor para su compañía:

⚔ precios garantizados,

⚔ pedidos mínimos o garantías de uso,

⚔ pronósticos de su planificación de inventario,

⚔ negocio adicional en otras categorías,

⚔ producción flexible y horarios de envío,

⚔ términos de pago más favorables.

Cada industria y cada negociación son diferentes, pero es probable que identifique algunos de esos artículos que pueda usar una y otra vez en el curso de múltiples negociaciones. Al mismo tiempo, usted puede preparar una lista de cosas que son valiosas para los clientes y que no le cuestan mucho a su compañía. Estos podrían incluir lo siguiente:

⅄ acuerdos de no divulgación,

⅄ garantías ampliadas,

⅄ formación o asistencia técnica,

⅄ inventarios de bienes terminados,

⅄ plazos de entrega garantizados,

⅄ dinero para publicidad conjunta.

Piense en esto tanto como le sea posible antes de ingresar a la sala de conferencias con su cliente. Si puede escribir con antelación todas aquellas cosas que pedirá a cambio y lo que está dispuesto a negociar, evitará la mayor parte de la presión y el pánico que ocurren frente al cliente. Usted será quien se conduzca tranquila y racionalmente. El cliente tendrá la presión de entender si esta ganando o perdiendo.

Estrategia alternativa

Aunque es la última, no es menos importante; por eso tiene que considerar la posibilidad de que el trato no se llegue a concretar. A pesar de sus mejores esfuerzos, en muchas ocasiones usted simplemente no puede llegar a un acuerdo. Si no lo ha considerado y no planeó este posible resultado, el comprador sagaz lo pondrá en un callejón sin salida para ejercer sobre usted más presión.

Es muy útil invertir algún tiempo pensando en alternativas, esto no significa que sea negativo o que esté planificando para el fracaso. Todo lo contrario. Lo que usted está haciendo es decir: «¿Cómo lograré mis objetivos y cubriré las expectativas de mi compañía si, por alguna razón, este comprador resulta irrazonable o uno de mis competidores hace algo inesperado?»

Siempre debe tener alternativas y anotarlas, por ejemplo:

⅄ Puede vender los mismos productos a otro cliente.

⅄ Puede venderle productos diferentes a este cliente.

⋏ Puede desarrollar a un nuevo cliente para este producto.

⋏ Puede venderle a este cliente o darle la vuelta al comprador y venderle directamente al usuario.

Tener alternativas le da seguridad y confianza en que su futuro no depende de este trato en particular; usted tiene otras formas de alcanzar sus objetivos si no alcanza este. Estar consciente de ello le impide tener pánico de hacer algo que no debe. Las alternativas son la fuente del verdadero poder en las negociaciones.

En resumen, veamos cómo sería la hoja de planificación de nuestro trato ficticio:

HOJA DE PLANIFICACIÓN PARA LAS NEGOCIACIONES

LO QUE ELLOS QUIEREN	LO QUE QUEREMOS
ALTA CALIDAD	CLIENTE SATISFECHO
ENTREGAS A TIEMPO	PRECIO JUSTO
BAJOS PRECIOS	6 SEMANAS PARA QUE RECIBAN EL PEDIDO
FACTURACIÓN SIN PROBLEMAS	CUMPLIR LAS CANTIDADES DE COMPRA
4 SEMANAS PARA RECIBIR EL PEDIDO	ACORDADAS
NINGUNA GARANTÍA DE USO MÍNIMO	MÁS SKU CONFORME A CONTRATO
SUPLIDORES FIABLES	REFERENCIAS A OTROS CLIENTES

¿PARIDADES POTENCIALES?

ALTA CALIDAD / CLIENTE SATISFECHO
VENDEDORES CONFIABLES / MÁS SKUs CONFORME A CONTRATO

ÁREAS CLAVE DE DISCUSIÓN:

PRECIOS BAJOS / PRECIOS JUSTOS
4 SEMANAS PARA RECIBIR EL PEDIDO/ 6 SEMANAS PARA QUE RECIBAN EL PEDIDO
NINGUNA GARANTÍA DE USO MÍNIMO / CUMPLIR LAS CANTIDADES DE COMPRA ACORDADAS

¿SUS CRITERIOS DE EVALUACIÓN?

BILL ES EVALUADO CON BASE EN SU CAPACIDAD PARA REDUCIR GASTOS.
ÉL TAMBIÉN DEBE ENCONTRAR ESTÁNDARES EN CALIDAD, ENTREGA Y DEVOLUCIONES.

¿ASUNTOS DE GUARDAR APARIENCIAS?

BILL TIENE NUEVO JEFE. EL AÑO PASADO CASI PIERDE SU TRABAJO CUANDO UN VENDEDOR NUEVO NO PUDO CUMPLIR CON LAS FECHAS DE EMBARQUE QUE ÉL HABÍA PROMETIDO. LA DIVISIÓN DE BILL TUVO QUE CERRAR UNA LÍNEA DURANTE DOS SEMANAS MIENTRAS ESPERABAN MATERIAS PRIMAS.

MÁXIMO: $15.286
PUNTO DE PARTIDA: $14.665 (-4,1%)
PRIMER MOVIMIENTO: $14.123 (-3,7%)
SEGUNDO MOVIMIENTO: $13.869 (-1,8%)

MÍNIMO (PRECIO FINAL): $13.500

ARTÍCULOS ADICIONALES (CONTRA-ANZUELOS):

SKUs ADICIONAL CONFORME A CONTRATO
PAGOS INICIALES MÁS GRANDES (30% VS. 20%)
TÉRMINOS DE PAGO MÁS RÁPIDOS (15 DÍAS VS. 30 DÍAS)
CONTRATOS A LARGO PLAZO (24 MESES *VS.* 12 MESES)

ESTRATEGIA ALTERNATIVA:

VENDER UN TRATO SIMILAR A LA OTRA CORPORACIÓN (POR EJEMPLO: XYZ).
VENDER NUESTRA LÍNEA «VALIOSA» EN VEZ DEL PRODUCTO AL MÁS ALTO PRECIO QUE COTIZAMOS.

Antes de que concluyamos con el tema de la planificación, hablemos de otra idea que los grandes planificadores deberían tener en cuenta antes de entrar en una sala de negociaciones. ¿Conoce el término ZOPA? Es probable que no, pero contar con una ZOPA es valioso en cualquier sesión de planificación.

ZOPA es un nombre gracioso, aunque a la vez un tema importante; es por lo general un punto necesario para llegar a un acuerdo en una negociación entre comprador y vendedor. Entonces, ¿qué es ZOPA? Sencillamente es una Zona de Posible Acuerdo.

Digamos que un vendedor se ha establecido un precio final de 100.000 dólares y un objetivo de 155.000 dólares. El comprador tiene un precio final de 115.000 dólares y un objetivo de 80.000 dólares. Hay una ZOPA en este trato.

En esta ilustración, la ZOPA es donde los dos márgenes coinciden: 15.000 dólares. Si el comprador hubiera establecido un margen por debajo de 50.000 dólares y por encima de 80.000 dólares, no habría ninguna ZOPA. Obviamente cuanto más alta sea la cantidad en la ZOPA, mayor la probabilidad de llegar a un acuerdo.

¿Cómo pueden los vendedores usar esta información? La mejor manera de establecer una ZOPA es durante la fase de planificación. Muchas veces usted puede estimar lo que el otro partido quiere o probablemente hará. Plantear preguntas en las discusiones ayudará a confirmar que existe cierta ZOPA. Ésta también puede determinarse observando los precios del mercado, los antecedentes adquisitivos del cliente, su experiencia pasada concediendo concesiones, etc.

Como hemos visto hasta ahora, los vendedores siempre deberían tener una solución alternativa para toda negociación; la fuerza de la solución alternativa afectará la fórmula de la ZOPA. Si usted tiene una estrategia alternativa fuerte, querrá compartir una parte o todo con la contraparte. Si las alternativas del otro partido son débiles o inexistentes, ellos podrían decidir modificar su ZOPA a fin de ganar el trato o convenio. Si la situación se invierte, como sucede a menudo en las ventas, y usted no consigue que los compradores cambien su precio final o su campo de acción, podrá concluir que no existe ZOPA alguna, y que es preferible terminar con las negociaciones antes que invertir más tiempo y energías en una causa perdida.

Así que, basado en su planificación, he aquí lo que usted sabe:

- Acerca de qué piensa que va a hablar.
- En qué puntos es probable que concuerde.
- Qué situaciones podrían presentar problemas.
- Cómo se mide (su motivación) al comprador.

▲ Aspectos que mantienen la reputación que usted podría ver o escuchar.

▲ Lo que hará si tiene que hacer un movimiento para fijar precios.

▲ Qué pedirá a cambio si tiene que hacer esos movimientos.

▲ Lo que hará si el trato no se concreta.

▲ Si existe o no una zona de acuerdo posible.

Ahora, ¿entiende más de lo usual antes de entrar a una reunión? Cuando mira alrededor de la mesa y ve que la persona al otro lado tiene una libreta en blanco se da cuenta de que usted está preparado y esa persona no. ¿Sabe qué significa eso? ¡Que usted tiene el poder!

Nadie puede anticipar todo lo que sucederá en una negociación, siempre habrá uno o dos baches en su camino; aun si puede prepararse para 70 u 80% de los imprevistos y obstáculos que pueda enfrentar, sus probabilidades de hacerlo bien han incrementado. Este proceso se ha diseñado para eso.

La primera vez que pase por este ejercicio, podría tomarle cuarenta y cinco minutos, la segunda vez, treinta. Dentro de poco, le tomará unos quince o veinte minutos. ¿No es esto digno de quince o veinte minutos de su vida para evitar el pánico y la presión de una negociación específica?

Cuanto más importante sea la negociación, más relevante debe ser el proceso de planificación. Nuestra regla al respecto es simple:

Si no ha planificado, no vaya. Punto.

> ➤ **CONSEJO PARA NEGOCIACIONES PROFESIONALES**
>
> Si puede prepararse para 70 u 80% de los imprevistos y obstáculos que tal vez enfrente, incrementa la probabilidad de hacerlo bien.

CAPÍTULO 10

ESTRATEGIAS DE NEGOCIACIÓN

EL COMPRADOR DE UNA EMPRESA GRANDE QUERÍA UN mejor descuento en los productos químicos especiales que pidió de un proveedor; aunque agotó todos sus esfuerzos posibles, el proveedor no hizo la rebaja. A principios de un nuevo trimestre, el comprador decidió pedir envíos más pequeños (sólo lo necesario para mantener las compras) y siguió retrasando los pedidos más grandes del inventario.

El proveedor, preocupado, comenzó a llamar al comprador y a buscar sus pedidos «normales». No hubo trato. Una semana antes del final del trimestre, el proveedor (ahora por debajo de sus proyecciones de ventas después del inicio del año) llamó al comprador tratando de conseguir de nuevo un pedido grande. El comprador estuvo de acuerdo en hacer de nuevo la orden sólo si el proveedor le daba el descuento que había estado buscando. El proveedor de mala gana aceptó lo que el comprador solicitó.

Nuestro comprador empleó con éxito su estrategia de aprovechar el tiempo para conseguir lo que quería. El vendedor fue de nuevo «vencido». A propósito, esperamos que usted haya captado el uso de la táctica «cortina de humo», esto es bueno porque esa táctica y esta estrategia particular van de la mano.

Estrategia es una palabra empleada a menudo y frecuentemente mal entendida. La estrategia más común en negociaciones de ventas es: «Tenemos que ganar este negocio, cueste lo que cueste». ¿Es eso lo mejor que los compradores pueden hacer contra nosotros? Entrar en una negociación sin una estrategia bien definida es como enfrentarse a una ametralladora con arcos y flechas.

¿Por qué es tan importante tener una estrategia? El general chino Sun Tzu lo resumió mejor en sus escritos del año 550 A.c., que fueron recopilados posteriormente en el libro *El arte de la guerra*. Él escribió:

En la antigüedad, aquellos conocidos como grandes guerreros prevalecieron cuando era fácil hacerlo. Sus victorias no fueron por suerte, ya que asumieron una posición de ganadores, prevaleciendo sobre aquellos que ya habían perdido. Entonces se dice que los grandes guerreros colocan su base sobre la tierra en la que no pueden perder. Por lo tanto, un ejército victorioso primero gana y luego busca la batalla; un ejército derrotado primero combate y luego busca la victoria.

Sun Tzu, entendió que planificar antes de ir a la batalla define el resultado. Él sabía que una buena estrategia considera lo que el enemigo podría hacer para, sobre la base de ello, crear un plan con múltiples posibilidades. A eso le llamamos hoy «estrategia fuerte».

Antes de que usted, como vendedor, pueda desarrollar una estrategia, tiene que evaluar la situación. Recomendamos un análisis verdadero y bien estudiado; comience a darse cuenta de cuáles son sus fortalezas y sus debilidades, sus oportunidades y cualquier amenaza. Haga exactamente lo mismo desde la perspectiva de cada uno de sus competidores.

¿Cuáles son los tipos de estrategias que generalmente podemos enfrentar, y cuáles funcionan mejor?

Identifiquemos cada tipo y examinemos cómo y cuándo cada una es más eficaz:

Estrategia directa

Esta estrategia es usada con poca frecuencia en la planificación de negociación de ventas porque para llevarla a cabo, usted tiene que ser increíblemente fuerte, grande o ambas cosas. Sólo las empresas poderosas como Wal-Mart, Microsoft, General Motors, el gobierno federal y algunos monopolios tienen el poder o la influencia para llevarlo a cabo. Los que usualmente hacen uso de esta estrategia por lo general adoptan el estilo de negociación de conquistadores o triunfadores. Como lo hemos mencionado, no es un estilo bueno para usar si usted tiene competidores fuertes. Si no puede usar una estrategia directa, entonces tendrá que tomar un camino indirecto. A continuación veremos una lista de las estrategias indirectas más eficaces.

Estrategia segmentada

A medida que planifique la negociación, entienda que no puede ganar todo el negocio. De hecho, la ganancia total podría conducir al desastre en algunos casos. Por ejemplo, obtener la producción total de la compañía, podría resultar en una sobrecarga de impuestos, pero obtener sólo parte de ello le permitirá tener un pie en la puerta y la oportunidad de aumentar su capacidad para asimilar toda la producción más adelante. Su estrategia podría radicar en aparentar que deja ir todo el negocio, haciendo arreglos para conseguir sólo una parte del mismo (en realidad la que usted quería, en primer lugar).

La estrategia segmentada es buena cuando su competidor ya tiene el negocio procesado. Usted decide que no puede sobrecargar a su opositor con fuerza bruta, entonces selecciona una parte del negocio en el que pueda ofrecer una diferencia única o cuantitativa, su objetivo es obtener esa parte. En negociaciones de ventas, a menudo usted enfrenta estas situaciones cuando negocia con las personas que pueden visualizar el valor que trae a la mesa. En esos casos, tiene que usar una estrategia segmentada a fin de adelantarse a otros agentes de la empresa que puedan apreciar el valor de su proposición. Muchas veces, en situaciones en las que a usted no se le permite ver a estos agentes críticos, debería usar otros (expertos internos) para lograr sus objetivos.

Un gran ejemplo de esta situación fue del conocimiento de uno de los autores de este libro a través de un amigo, David Burns, ahora jubilado, quien fuera negociador profesional para el gobierno estadounidense. En relación con Taiwán, los negociadores comerciales de Estados Unidos fueron bloqueados durante años por el problema del plagio y comercialización ilegal de libros, música y otros productos. Los derechos de autor no tenían prácticamente ningún sentido en la cultura taiwanesa, donde la copia ilegal de libros, discos y películas llegaron a ser el negocio de mayor escala.

Durante años, los negociadores comerciales estadounidenses se dirigieron a políticos y negociadores profesionales que pusieran una pequeña presión en los jueces de Taiwán aunque sólo durante un corto período de tiempo. Los jueces multaron a los infractores con una cantidad simbólica (por lo general, alrededor de cincuenta dólares), para luego dejarles en libertad. Usando una estrategia segmentada, los negociadores comerciales de Estados Unidos fueron a los legisladores y directamente a los jueces taiwaneses, convenciéndolos de que tenían que imponer sanciones más fuertes y multas mucho más altas a fin de detener la actividad ilegal. Finalmente la estrategia resultó. El volumen de producción y venta de discos compactos ilegales disminuyó dramáticamente.

Estrategia de tiempo

Esta estrategia se empleó en la historia con la que iniciamos este capítulo. Si tiene el poder y puede tomar el negocio ahora, entonces comprometa al cliente en negociaciones iniciales. Usted no quiere que sus competidores ni su cliente ganen fuerza esperando. Si usted no tiene mucho poder, tal vez retrasar algunos segmentos de la negociación le permitirá ganar más fuerza durante el período de espera.

La estrategia de tiempo es usada con mucha más frecuencia de lo que cree. Por ejemplo, diga que usted ha perdido un negocio y su competidor estará más cerca del comprador.

Usted sabe que el comprador va a jubilarse en seis meses. En vez de presionar al viejo comprador arriesgándose a crear una atmósfera hostil, el vendedor inteligente comenzará a poner el trabajo preliminar y a establecer relaciones con el equipo que asumirá las responsabilidades después de la jubilación del comprador. Si durante ese lapso surge alguna negociación importante, el vendedor sería sabio si trata de postergarla hasta la poco amistosa jubilación final del comprador.

Estrategia de explotación

Después de un análisis exhaustivo, conocerá cuáles son sus puntos fuertes y cuál es el punto débil de su opositor. Una vez que la negociación comience, usted se enfocará en concentrar todo su poder contra los puntos débiles de su opositor. Este ejemplo podría ayudar:

Digamos que su compañía es conocida por elaborar productos de alta calidad en su industria y la competencia no puede igualarle. En una negociación con un cliente grande, la persona encargada de la adquisición trata de presionarle para que baje su precio. Así que le amenaza «con la pérdida de muchos negocios», se irá con la competencia si usted no rebaja su precio.

Si sabe que este cliente necesita su nivel de calidad, entonces usted tiene el poder de explotar su ventaja y rechazar la demanda del comprador.

Quizá la competencia no tenga política de devoluciones, mientras que su compañía ofrece este servicio. Su estrategia es explotar esa deficiencia de la competencia, haciéndole saber constantemente esta diferencia a los compradores potenciales del producto.

Veamos otro ejemplo global de cómo esta estrategia puede alcanzar su propósito en un escenario importante. ¿Recuerda a nuestro amigo Dave, el negociador comercial estadounidense? Dave nos comentó acerca de las negociaciones increíblemente resistentes entre Estados Unidos y Japón sobre la importación de autos americanos a esa nación. Los japoneses asumieron la posición de que los autos americanos eran inferiores a los japoneses y, por lo tanto, no eran convenientes para su mercado. Algunos autos estadounidenses simbólicos fueron importados y vendidos, pero la balanza comercial se inclinó abruptamente a favor de los japoneses. El equipo de Dave intentó todo lo que podía, sin obtener ningún resultado.

Como última alternativa, el equipo de Dave planteó a los representantes de Lexus: «Cuando sus autos entran en el puerto en San Diego, deben ser conducidos al aeropuerto LAX para la correspondiente inspección aduanal. Estamos suspendiendo el avalúo» (lo que significaba que cada Lexus entraba al país libre de impuestos, pero después Estados Unidos podía imponer cualquier cantidad de impuesto que quisiera sobre cada auto). Los barcos que llevaban Lexus nuevos a San Diego tuvieron que regresar a Japón con su cargamento.

El siguiente paso fue una reunión en Ginebra, Suiza, con todas las partes afectadas. En ese punto, el equipo de Dave se reunió con los japoneses con la idea de venderles repuestos americanos en lugar de autos completos en Japón (note la estrategia segmentada). Dada la situación, para resolver el problema de impuestos de los Lexus los japoneses aceptaron la oferta y miles de millones de dólares en neumáticos americanos, silenciadores, portaequipajes y otros productos reconstruidos fluyeron hacia el mercado japonés.

Estados Unidos reconoció que para comerciar los autos necesitaban fijar un término más largo, por lo que explotó la fuerza de fabricación del país (una amplia variedad de repuestos óptimos reconstruidos y accesorios) y además descubrió el lado débil de los japoneses (calidad y selección más pobre en los productos reconstruidos), lo que permitió que todo eso sucediera.

Un vendedor debe evaluar con seriedad cuáles estrategias son las más acertadas antes de firmar una negociación con un comprador. Si la posición del vendedor es relativamente débil, entonces quizá quiera retrasar los procedimientos hasta que logre ser más fuerte. Si el vendedor tiene algo nuevo, ¿qué tan rápido se pueden cerrar las negociaciones y poner el producto en el mercado? Cualquier tardanza excesiva en la negociación de un trato podría proporcionarle tiempo a la competencia para ponerse al corriente.

Los vendedores también deben tomar en cuenta cuáles son sus áreas más fuertes y cómo pueden poner en acción esa fortaleza para tener mayor impacto.

Recuerde, ninguna estrategia en sí misma vale para todas las situaciones. Si usted hace un buen trabajo, analiza sus puntos fuertes, débiles, amenazas posibles, etc., no debería tener ningún problema para presentar el plan correcto para su situación particular.

CAPÍTULO 11

EL PODER: CÓMO OBTENERLO Y MANTENERLO AUN CUANDO LAS COSAS SE PONGAN DIFÍCILES

HASTA AHORA HEMOS ESCRITO ABUNDANTEMENTE SOBRE EL poder y con buena razón. En las negociaciones, el poder le provee una plataforma de impulso, confianza, alternativas y control. Es una ventaja tener todas esas cosas. Tendremos que dar marcha atrás para identificar el origen de la ecuación de poder. La pregunta es la siguiente: ¿qué debe hacer para obtener poder? y ¿cómo lo va a mantener una vez comiencen las negociaciones?

Este último punto es de suma importancia, ya que el poder se evapora. El hecho de que lo tenga en estos momentos no quiere decir que lo tendrá más adelante. El poder se mueve durante las negociaciones y si no presta atención lo cederá sin darse cuenta. Los buenos negociantes saben cómo otorgarse poder aun antes de sentarse con el comprador. También evalúan constantemente lo que está sucediendo a fin de mantenerse al tanto de los cambios en la dinámica del poder. Si lo están perdiendo, hay pasos que deben seguir a fin de retomarlo de inmediato.

El poder también es, en gran manera, algo que se percibe. Si piensa que lo tiene es probable que sea cierto. Si cree que no lo tiene, es porque así es. Pero recuerde que el hecho de que lo tenga al llegar a la negociación no quiere decir que lo conservará.

En este capítulo hablaremos de cómo obtener el poder, cómo retenerlo y cómo reconocer las tácticas que podría utilizar su contraparte para arrebatárselo, así como qué hacer en caso de que se vea en una situación en la que lo esté perdiendo.

Comencemos con un ejemplo de la vida real, que ilustra la forma en que el puesto de poder puede cambiar (o de forma más precisa, puede ser manipulado). Utilizaremos a nuestros amigos los vendedores de automóviles porque son expertos en esto.

Digamos que usted ha decidido que es hora de comprar un carro nuevo y quiere un Stratomatic 5000. Al evaluar la negociación lógicamente, ¿quién cree usted que debe tener el poder cuando entre a la agencia de autos Stratomatic?

Usted, ya que:

- ▲ Tiene el dinero y puede decidir invertirlo o no.
- ▲ Comprar el auto no es absolutamente necesario.
- ▲ Si debe comprarlo, no tiene que ser necesariamente un Stratomatic.
- ▲ Aun si tuviera que comprar un Stratomatic, no tiene por qué ser exclusivamente con este concesionario.
- ▲ En efecto, no tiene que comprar un carro hoy.
- ▲ Aun si ya hubiese tomado la decisión de comprarlo hoy, de este concesionario en particular, podría acceder a la Internet y obtener toda la información necesaria, incluyendo la factura, incentivos, lo que otros compradores han pagado, etc.
- ▲ En lo que a medios de transporte se refiere, usted tiene muchas opciones, y las opciones le dan poder.

Y aun así, ¿cuántos nos sentimos poderosos cuando pensamos en el proceso de comprar un automóvil? No muchos. ¿Por qué? Porque mucho antes de que usted entre por las puertas de la agencia del concesionario, los vendedores han establecido una serie de trucos diseñados para arrebatarle el poder y adjudicárselo a ellos.

Seguro que ya ha reconocido muchas de las tácticas que describimos en el capítulo 5 como las herramientas laborales que usan los vendedores de automóviles:

- Mayor jerarquía
- Anzuelos
- Dividir la diferencia
- Radar
- Presión de tiempo

Estas y algunas otras tácticas se encuentran en su libro de herramientas. Por ejemplo, en nuestra área todos los concesionarios tienen letreros en sus paredes que dicen: «A todas las transacciones se les añadirá una tarifa por concepto de procesamiento de $299». ¿Qué es esa tarifa de procesamiento excepto que más ganancia para el concesionario? Y aun así la gente la paga simplemente porque lo dice el letrero. Hemos experimentado que los vendedores exoneran la tarifa si se les confronta, pero la mayoría de la gente se encoge de hombros y siguen el juego. Después de todo, ¿qué más se puede hacer? ¡Allí dice en blanco y negro que hay que pagarla!

No es que queramos molestar a los vendedores de automóviles (por lo menos, no mucho). Ellos cumplen una función importante y necesitan tener ganancias para sobrevivir. El asunto es que el sistema ha evolucionado de tal forma que, con pocas excepciones, tienen que manipular a sus clientes tanto como sea posible para permanecer en el negocio. ¿Es extraño entonces que a la mayoría de nosotros nos guste ir a comprar un carro tanto como visitar al dentista? El capítulo 19 está dedicado a eliminar el malestar de este proceso. Pero nos hemos desviado del tema.

El poder: cómo obtenerlo

Hay algunas fuentes de poder que son obvias en una negociación. Los compradores de Wal-Mart y General Motors tienen mucho poder adquisitivo. Los representantes de ventas de Microsoft aprovechan la gigantesca base de usuarios de sistema. Si usted tiene una idea exclusiva y patentada que es popular, tiene poder.

Para bien o para mal, la mayoría no trabajamos desde este tipo de posición empresarial. Como vendedores, tenemos mucha competencia. Nuestros compradores pueden obtener productos en cualquier parte del mundo y han sido entrenados por profesionales para usar sus puntos fuertes con los métodos que hemos estudiado.

Sin embargo, hay cosas que puede hacer para asirse del poder en estas negociaciones. Primero que nada, está la preparación. Planear le otorga poder. Si prestó atención al capítulo 9 ya sabe que hacer planes le permite crear su estrategia, cambios de precio y sus tácticas en la relativa soledad de su oficina o sala de conferencias, en lugar de hacerlo de manera ligera, frente a su cliente. Si ya sabe lo que va a hacer en diferentes situaciones, no sentirá la presión que acompaña a las negociaciones extraordinarias. Tener una estrategia de salida anticipada le da poder. Si desde el principio usted sabe en qué punto no le interesará el negocio, no tendrá que preocuparse por ser manipulado o ponerse sentimental, comprometiéndose tanto usted como a la compañía con un mal negocio.

Tener alternativas le da poder. Si ha considerado lo que hará si ese negocio en particular se estropea, evitará el pánico, que tal vez le motive a hacer algo de lo que se arrepentirá más tarde.

> ## ➤ CONSEJO PARA NEGOCIACIONES PROFESIONALES
>
> Mientras más conozca acerca del cliente, mejor preparado estará y mientras mejor preparado esté, ¡más poder tendrá!

Este poder representa una sensación de confianza que le permitirá manejar sus negociaciones de manera calmada y profesional, manteniéndose objetivo cuando las cosas se pongan difíciles.

Hemos establecido que el poder es bueno y que usted quiere conseguir más. Además de planear, ¿qué más puede hacer para conseguir poder?

Conozca a su cliente

Cuanto más conozca sobre la organización interna y las prácticas comerciales de su cliente, mejor capacitado estará para anticipar cualquier táctica que el comprador use, para responder las preguntas que haga, y a los asuntos importantes para él.

Para empezar, necesita saber:

- ▲ ¿Cómo es la situación financiera general de la compañía?
- ▲ ¿Qué clases de problemas tienen, que sus productos puedan resolver?
- ▲ En la estructura orgánica de la compañía, ¿cuál es la ubicación de su comprador?
- ▲ ¿Quién más va a participar en la negociación?
- ▲ ¿Tienen un historial de uso de tácticas particulares?
- ▲ ¿Es la palabra del comprador confiable o evade responsabilidades?
- ▲ ¿Es este negocio nuevo para usted o tiene experiencia con la compañía?
- ▲ ¿Quién es la competencia?
- ▲ ¿Cuál es el plazo para tomar una decisión en este trato?

¿A dónde puede dirigirse para conseguir esta información? La Internet y la página Web de la misma compañía son algunos de los mejores recursos para tener claro todo el panorama. Para los pequeños detalles, puede consultar a otros vendedores (no de la competencia) que tengan contacto con la compañía, o empleados de su empresa en áreas como servicio al cliente o ventas que tengan experiencia con ellos. En algunas ocasiones, otras buenas fuentes de información son las asociaciones de comercio industrial o las organizaciones informales de trabajo en conjunto. Recuerde, cuanta más información tenga sobre el cliente, mejor preparado estará para responder acertadamente todo lo que el cliente pregunte.

Conozca a la competencia

Rara vez negociará en el vacío; casi siempre hay, por lo menos, uno o varios competidores que están al acecho. Por ello, debe saber tanto como sea posible las fortalezas y debilidades de cada uno.

Por ejemplo, si su principal competidor es conocido por siempre bajar los precios (¡como todos!), entonces usted tiene que estar listo para contrarrestar esos precios bajos con servicio, funciones, fiabilidad u otros aspectos. Nunca debe estar desprevenido ni ser sorprendido cuando el comprador le presente información sobre la competencia. Para cada competidor, usted debe tener una explicación clara y contundente de por qué su compañía y sus productos son la elección correcta.

Al investigar acerca de la competencia, debe buscar:

➤ *Áreas en las que tenga una clara ventaja.* Si tiene grandes ventajas con las características del producto o el precio, fantástico. Si su ventaja no radica en el producto o el precio, tal vez tenga la mejor logística o es probable que pueda proporcionar el mejor servicio internacional (vea el capítulo 10). Conozca sus ventajas y luego vea en qué coinciden con la lista de prioridades de su comprador. En otras palabras, si identifica el tiempo de pedido y entrega más corto como una ventaja, pero esto no le preocupa al comprador, entonces tendrá que buscar otra.

▲ *Debilidades de la competencia.* Estas quizá no se pongan de manifiesto en las comparaciones de productos, pero tal vez tengan puntos débiles en el área financiera o problemas legales, tal vez tengan un historial de incumplimiento. La venta a ciegas es muy arriesgada, pero usted necesita conocer esa información. A veces puede señalar al comprador en la dirección correcta y éste buscará la información por sí mismo.

No lo olvide, la Internet y sus contactos en la industria serán sus mejores fuentes con esta información. A menudo, otros competidores le dirán mucho.

Conozca a su compañía

Usted tiene que conocer lo bueno, lo malo y lo feo de su compañía a fin de plantearse una estrategia eficaz. Siempre trate de mirar a su empresa desde el punto de vista de su cliente y de sus competidores. Sea realista.

Además debe:

▲ Pensar en cómo todos sus productos ofrecidos pueden ayudar en la negociación. A veces usted puede justificar un precio más alto basado en una selección de productos más grande.

▲ Buscar áreas donde las otras actividades de su compañía puedan ayudar al comprador a la vez que su compañía lograr sus objetivos. Tal vez tenga la asesoría interna que puede ayudar al cliente a solucionar un problema en curso. O quizá pueda ayudar al cliente a ingresar en un nuevo mercado o puede poner al comprador en contacto con otro proveedor para algo que su compañía necesita.

▲ Estar alerta para conseguir las oportunidades de colaborar en proyectos futuros.

▲ Buscar formas de conocer las necesidades de su cliente para desarrollar un nuevo producto y procesos. Mantenga alerta a sus superiores con respecto a esas oportunidades tan pronto como las identifique.

Conózcase usted mismo

Antes de que abandone su oficina, piense en su estilo de negociación (vea el capítulo 2) y el del comprador. ¿Qué aspectos de su naturaleza modificará a fin de convertir la negociación en un procedimiento que fluya con más libertad?

Si usted tiende a reaccionar a la defensiva o es muy emocional, ¿cómo evaluaría usted su comportamiento de manera que pueda tomar medidas para frenarlo antes de que se convierta en un problema? ¿Qué hará si se siente frustrado o se da cuenta de que está perdiendo el control? Escriba una nota que diga: «Descanse un rato», y otra que diga: «Vaya al balcón», y colóquelas donde pueda verlas durante la reunión.

Si reconoce que es débil en algún aspecto del convenio, usted puede: a) mostrar mayor dominio en cualquier otra área, o b) llevar a un experto de la materia para su reunión.

Recuerde: La preparación proporciona confianza y esta da poder.

Si puede calcular esos detalles y otros más con anticipación, se quitará mucha presión de la que normalmente siente cuando sabe que se enfrentará a una negociación fuerte.

> CONSEJO PARA NEGOCIACIONES PROFESIONALES

La preparación proporciona confianza y esta da poder.

Cómo mantener el poder cuando las cosas se ponen difíciles

No hay garantía alguna de que conservará el poder una vez que las cosas estén en marcha, incluso si hace todo lo que le recomendamos y puede entrar a la sala de negociaciones seguro de sí mismo y con la cabeza en alto.

En capítulos anteriores resumimos algunas de las muchas estrategias que los compradores usarán para desarmar su plan de acción. Muy a menudo, la meta de esos compradores es confundir, ofuscar, frustrar, intimidar, molestar o desconcertarle en cualquier manera. Saben que un negociador emocional es ineficaz. Si quiere mantenerse tranquilo aun bajo presión, necesita un plan.

En el capítulo 3, le dimos algunas ideas de cómo tratar con individuos difíciles (agresivos). En el capítulo 5, hablamos de estrategias de contra-ataque. Ahora es cuando verá el resultado de todo. Si puede captar todo lo que pasa alrededor de la mesa (no olvide estar atento a las señales no verbales estudiadas en el capítulo 6), usted no sólo será capaz de ver las estrategias del otro lado, sino que podrá controlar su posición e intervenir a tiempo si presiente que puede surgir un problema.

Por ejemplo, supongamos que el comprador utiliza deliberadamente tácticas para hacerle enojar. ¡Y le funcionan! Usted se conoce y sabe que es un poco emocional, «siga su consejo» salga de la sala, y tome un pequeño descanso (capítulo 3). Con salir de la sala de reunión, lejos de la polémica situación para no caer en el juego del comprador y tomar una mala decisión basada en sus emociones, usted simplemente toma el control de la situación.

La ventaja de hacer un alto en este punto es que esto lo pone al control de las actividades. Usted pide un intervalo de espera y decide cuánto tiempo permanece afuera. Luego regresa y puede decir algo como: «Bien, ¿dónde nos quedamos?» ¿Quién tiene el poder ahora? ¡Usted!

Hay otros métodos que puede usar para tomar o mantener el poder en las negociaciones, y hablaremos de ellos con más detalle en breve.

El punto de aprendizaje aquí es que si usted siente que pierde el poder, es probable que así sea, y a menos que haga algo diferente, seguirá perdiéndolo y hasta puede causar mucho daño a la negociación.

Ahora, hablemos acerca de las demostraciones de poder o fuerza que probablemente encuentre y qué hacer.

Poder por título

¿Ha llegado alguna vez a una reunión y le ha sorprendido encontrar a un ejecutivo de alto nivel sentado al otro lado de la mesa? Esto puede intimidarle por completo si se ha preparado para reunirse con un comprador y luego se entera de que estará negociando con un ejecutivo «nivel C». Esta es una táctica utilizada en muchas ocasiones por las empresas como una forma de intimidar o presionar a los vendedores.

Eso no debe pasarle, porque usted siempre debe llamar primero y averiguar quién va a estar presente en la reunión. Al hacer eso tiene la posibilidad de buscar un equilibrio en referencia a jerarquías y puntos a tratar a su favor. Cuándo organice la reunión, siempre pregunte: «¿Alguien más estará con nosotros?» Por supuesto, no es práctico ni deseable llevar al presidente de su compañía (o su supervisor inmediato) a una reunión de ventas. Entonces, ¿qué se supone que usted deba hacer?

Si decide hacer una reunión de ventas solo y sabe que posiblemente enfrentará a gerentes, o si sorpresivamente los encuentra en la mesa de negociaciones, usted siempre deberá tener dos cosas en mente.

Primero, agradezca a Dios por el tiempo que se tomó para prepararse correctamente y planificar esta reunión. Sus notas le permitirán poner en práctica las estrategias trazadas y llevar acabo su plan de acción. Usted debe proyectar la imagen de un profesional de negocios y no de un vendedor novato fácil de persuadir.

Segundo, si el presidente o algún otro alto ejecutivo de la compañía del cliente se toman el tiempo para reunirse con un comprador, significa que lo que les ofrece es importante para ellos. Eso le dice que usted tiene algo que puede suplir las necesidades de la compañía, si no, no estarían allí. El conocimiento de saber que lo que usted tiene es importante para su cliente, a tal grado que pueden sentarse y esperar... Eso le da... ¡poder!

Poder de experto

Usted verá esta demostración de poder cuando el cliente o el comprador presenten a un experto en la materia por ejemplo, de la Society of Manufacturing Engineers (SME, por sus siglas en inglés). Si trae consigo a un experto en logística, de seguro querrá ahondar y entrar detalladamente en todo lo que se refiera a ese tema con respecto a la negociación. Si la logística es uno de sus puntos fuertes, muy acertado para usted. Si no lo es, debería llevar a alguien que domine ese tema para que pueda responder las preguntas especializadas del cliente.

De otra forma, el cliente lo hará sentirse incómodo y usted tendrá problemas para controlar el desarrollo de su reunión.

Por suerte el remedio para esta situación es simple. Lo consigue al planificar la reunión, pregunte nombres y títulos de las personas que asistirán. Examine la lista y lleve a un especialista de su compañía para que equilibre a ambas partes. Con frecuencia, el experto de la contraparte preguntará mucho de los temas que conoce y la reunión será productiva debido a que se podrán resolver y discutir diferentes planteamientos al mismo tiempo, porque usted va acompañado.

Con respecto al poder de experto, hay un último punto que debemos destacar: si usted alguna vez llega a una reunión de negocios y se entera de que su contraparte ha traído a un abogado (sin dar aviso), ¡esté alerta, esto es señal de problemas! La presencia de un abogado le da un nuevo nivel de complejidad y riesgo a la negociación; usted no está entrenado ni calificado para hablar de asuntos legales con ellos. Debe decirle inmediatamente a su homólogo que no está autorizado por su empresa para tomar decisiones legales y que si hay que tratar asuntos de esa índole, tendrá que renegociar en otra reunión, cuando pueda estar presente su abogado. ¡Usted o ellos se van! Recuerde, debe ser firme en su posición (C1); cuando no se asume esta actitud, en algunos casos, puede causarle daño a usted y a su compañía. Sugiera que el abogado permanezca en la reunión siempre y cuando no ejerza «poder legal» sobre usted.

Poder de nombres importantes

Es probable que vea esta jugada en una negociación interna. Su compañero de trabajo podría voltearse y decir: «Sabe que Phil (el tipo importante, de la oficina principal) esperaba que usted pudiera tener el presupuesto hecho antes del lunes». En otras palabras, su compañero no tiene la suficiente autoridad para ordenarle hacer determinado oficio, así que usa la influencia de alguien más que sí la tiene para que haga lo que él le ha pedido. Ahora, si Phil realmente quiere que usted haga el trabajo, tiene que quedarse en su oficina este fin de semana y trabajar. Pero, si su colega solamente está usando el nombre de Phil, para manipularlo, es probable que pueda ir a jugar golf este fin de semana. Usted realmente tiene que saber lo que está sucediendo en su compañía y decidir en esta situación. Identifique ese tipo de jugada por lo que es y esté atento para reaccionar de una manera apropiada. Muy a menudo los vendedores encuentran que sus negociaciones más difíciles son las internas. Lograr que los «ejecutantes» hagan lo que les corresponde no es tan fácil como debiera serlo. Aquí ofrecemos algunos consejos para ayudarle con sus negociaciones internas.

Poder condicional

Alguien que por lo general no tiene mucha autoridad es capaz de ejercer este tipo de poder sobre usted debido a las circunstancias específicas en las que se encuentra. Piense en el empleado de la oficina de correos que trabaja a ritmo lento. No importa quién sea usted o lo que haga para vivir; si usted está esperando ser atendido, no irá a ninguna parte hasta que el empleado diga: «El siguiente».

Permítanos ilustrar con otro ejemplo:

Hace varios años, uno de nuestros socios y su esposa viajaron al condado de Westchester, en Nueva York. El suegro de nuestro socio había fallecido y ellos tenían que ir a su casa y gestionar a algunos de sus asuntos. Un viejo amigo de la familia se ofreció a recoger a la pareja para almorzar en un club de golf muy exclusivo del cual el difunto había sido miembro por muchos años. Cuando se sentaron en el comedor y admiraron el campo, el amigo de nuestro socio lo rozó con el codo y señaló a una camarera muy bien vestida que estaba al otro lado del comedor. «Es Helen», le dijo. «Ha estado aquí por más de veinte años, martes y jueves está en el comedor; lunes, miércoles y viernes trabaja como operadora de la central telefónica».

Nuestro compañero saludó con la cabeza, con cortesía y tomó su menú. El amigo continuó: «Hace aproximadamente un mes, mientras Helen trabajaba en la central de teléfonos, recibió una llamada extraña. El interlocutor se identificó como empleado de la Casa Blanca y dijo que el [entonces] Presidente Clinton iría a su nueva casa en Chappaqua la semana siguiente y que le gustaría visitar el club y jugar un partido de golf».

Helen hizo lo que debía, preguntó amablemente: «¿Cuál de nuestros miembros jugará con él?» Hubo una larga pausa, y luego el interlocutor aclaró su garganta y dijo: «Quizá entendió mal lo que le dije. Al Presidente Clinton le gustaría jugar un partido de golf en su campo».

«No», dijo Helen, «usted fue muy claro; pero nuestras reglas dicen que todo invitado debe ser acompañado por un miembro». Hubo otra pausa larga, y el «empleado de la presidencia» colgó. El Presidente Clinton nunca jugó ese partido y Helen se hizo famosa entre los miembros (casi exclusivamente republicanos) del club.

Cuando la recepcionista de un club privado puede decirle al líder del mundo que vaya y juegue en una cancha pública, eso es poder condicional.

Estar consciente del poder condicional es el primer paso. El siguiente es que se asegure de usarlo siempre a su favor. Asegúrese de que la persona con poder condicional esté enterada de que usted sabe que tiene el control de la situación. Pregunte: «¿Cómo recomendaría usted que solucionáramos esto?» Esa persona puede que a menudo haya sido ignorada, por lo tanto un poco de sensibilidad, delicadeza y diplomacia le ayudarán a tenerla de su lado. Si intenta pasarla por alto o presionarla, sólo la motivara a que ejerza más de su poder condicional sobre usted. Como ejemplo de ello tenemos que un porcentaje sorprendentemente alto de ejecutivos terminan casándose con sus asistentes administrativas. El representante de ventas que trata de intimidar o engañar al portero terminará, probablemente fuera, en la calle. Es más beneficioso tratar a cada uno dentro de la organización con respeto y deferencia.

El poder de la palabra escrita

¡Algo escrito tiene más poder que lo hablado! Recuerde el monto de procesamiento de honorarios en la agencia de autos. Mucha gente ve eso y, de mala gana, paga los 299 dólares. ¿Por qué? Porque el aviso lo hace oficial. No pensamos en ese poder sutil en la negociación. ¿Cuántas veces durante una negociación, una parte logra detener a la otra completamente con sólo para meter la mano en un maletín y presentar «el documento» que claramente dice que esta situación tiene que ser resuelta de tal manera?

¡Otra forma de visualizar el poder escrito viene en el tamaño de la letra! Un tamaño de letra 12 ó 14 parecerá un texto escolar, y la gente lo discutirá por varios días. Cambie el tamaño a 8 ó 9 puntos, y es probable que tenga más fuerza. ¿Por qué? Parece más legal y oficial.

Como indicamos anteriormente, los vendedores pueden usar el poder escrito eficazmente tomando notas durante una negociación, preparando el resumen y enviándoles a todos los asistentes las notas. Es más fácil poner su punto de vista en la reunión que intentar cambiar el punto de vista de otra persona, sobre todo el de un cliente.

Hay muchos tipos más de jugadas poderosas, pero ya debe entender la idea que queremos transmitir. Sus clientes pueden tratar de usar jugadas de poder para hacerle perder su ritmo y estrategia. Recuerde:

⋏ El poder es en gran parte percepción. Si piensa que lo tiene, probablemente lo tiene. Si piensa que no lo tiene, así es.

⋏ El poder fluye. Sólo porque usted lo tiene ahora no significa que lo tendrá más tarde; debe supervisar constantemente la situación de poder en una negociación. Si lo tiene, entonces avance a la velocidad máxima. Si lo pierde, entonces tiene que hacer algo para romper el ímpetu del otro equipo y recuperarlo.

⋏ La planificación le da poder. Cuanto mejor preparado esté para la negociación, más confianza y poder tendrá durante la reunión.

▲ Las alternativas dan poder.

▲ Tener un estimado de «última opción» le da poder porque usted sabe que no va a dejarse influenciar por lo que esté pasando de forma que haga algo estúpido.

▲ Debe reconocer y lidiar con la táctica que el otro lado usa para tratar de arrebatarle el poder.

▲ Usted es un profesional y tiene el derecho de estar allí.

CAPÍTULO 12

¿POR QUÉ NUNCA PREGUNTAMOS «POR QUÉ»?

NUESTROS CLIENTES A MENUDO ASUMEN CIERTAS POSICIONES con nosotros, tales como:

- No pagaré más que tal precio por su producto.
- Debo tener el envío antes del próximo martes.
- Queremos devolver todo el inventario que no se haya vendido.
- Queremos un precio bajo garantizado.
- Quiero la protección de precios durante, por lo menos, doce meses.

Debería ser obvio por qué posiciones como éstas pueden provocar problemas para nosotros, los vendedores. ¿Cómo entonces escapar a esas situaciones y entrar a un ambiente de colaboración? Esto comienza con el entendimiento básico de que, en su mayor parte, las declaraciones crean posiciones y éstas obstaculizan la capacidad de cualquier negociador para colaborar. Cuantas menos declaraciones hagan usted o el otro lado, más oportunidad habrá de negociar colaborando.

Por lo general, la responsabilidad de avanzar hacia una solución en la que ambos colaboren recaerá sobre los hombros del vendedor. Por tanto, los vendedores deben aprender a descubrir lo que motiva a la otra persona a adoptar su posición. Deben trabajar creativamente en pro de la solución. Hace unos años, uno de nuestros socios mayoritarios experimentó una situación que ilustra este concepto:

El equipo suministrado a una empresa de servicios públicos (planta nuclear) experimentó problemas no cubiertos por la garantía, lo que le costó cientos de millones de dólares en reparaciones y reemplazo de piezas suministradoras de energía. La empresa sostuvo que el equipo fue vendido con una vida útil de cuarenta años. Sin considerar el vencimiento del período de garantía, la planta exigió que el fabricante pagara todas las reparaciones y los reemplazos. Sólo esto último costó más de un millón de dólares por día. Las reparaciones del equipo y los reemplazos se estimaron en 150 millones de dólares.

El fabricante rechazó pagar cualquier gasto, basado en el vencimiento de la garantía y las deficiencias en los procedimientos de empleo y mantenimiento del equipo.

Se llevaron a cabo muchas reuniones en las que no se llegaba a acuerdo alguno, lo único que sucedía era que se exasperaban los temperamentos de los representantes de ambas partes.

Finalmente el cliente amenazó con demandar al fabricante. Como la tensión crecía cada vez más, el fabricante amenazó con quitarle todo el apoyo de operación a la planta, a menos que el cliente consintiera en pagar por los servicios. El fabricante envió representantes del departamento de ventas a entregar el mensaje al cliente.

La planta decidió que el equipo de ventas no estaba actuando como intermediario del cliente y exigió que el fabricante sacara al gerente y su equipo de ventas de sus instalaciones. El fabricante despidió al equipo de ventas completo y lo sustituyó con una nueva persona que no tenía experiencia en el área nuclear.

Como era nuevo, el representante del fabricante sostuvo una reunión con los ejecutivos de la planta para ponerse al día y saber por qué había tanta tensión.

Sólo formuló una simple pregunta: «¿Por qué está ocurriendo todo esto?»

Durante la discusión, supo que ese cliente tuvo problemas con el fabricante en otras plantas nucleares.

Las regulaciones nacionales y estatales sancionaron a la planta por deficiencias en la gerencia. Como consecuencia de ello algunos abandonaron la empresa, otros fueron degradados y las carreras de otros terminaron por este problema. Por supuesto, los gerentes actuales no iban a permitir que eso les pasara a ellos.

El nuevo gerente de ventas visitó la planta acompañado de sus ejecutivos para aprender por qué y cómo habían llegado las cosas a ese punto. Descubrió que el fabricante tenía más de treinta plantas nucleares con el mismo equipo. Si cedía a las exigencias del cliente, se arriesgarían a perder miles de millones de dólares en todo el mundo. Eso podría llevar a la empresa a la quiebra.

Entonces el gerente se reunió con el presidente de la planta para obtener su perspectiva de la situación y descubrió que éste era un antiguo ejecutivo de la misma empresa fabricante y estaba decepcionado con todo aquello. Además, dijo que esperaba que el equipo de ventas fuera neutral y que tratara de resolver los problemas en lugar de actuar como otro miembro del equipo negociador del fabricante adoptando su misma opinión.

El nuevo gerente de ventas recibió autorización para asumir una posición neutral (como lo había solicitado el cliente), así que reemplazó a sus compañeros de equipo que estaban «parcializados» por la situación.

En respuesta, el presidente de la planta declaró que detendría los planes de litigio y que continuaría negociando con el fabricante. Acordó también reemplazar a individuos de su equipo que fueran considerados predispuestos ante la situación. Una vez que los factores motivadores (intereses) se descubrieron, los esfuerzos empezaron a dar forma al convenio entre el vicepresidente ejecutivo del cliente y el gerente de ventas, lo que condujo a la primera instancia de lo que en inglés se conoce como Partnership in Performance Program. El fabricante proveyó equipos y servicios rebajados para poner a funcionar nuevamente las unidades y el cliente acordó darle al fabricante todos los trabajos de mantenimiento sin discutir tarifas durante toda la vida útil de la planta.

Si el cliente seguía las recomendaciones y procedimientos del fabricante, cualquier trabajo de reparación se haría con 70% de descuento del precio de lista. Si el cliente rehusaba cumplir la recomendación del fabricante y el equipo fallaba por esa decisión, el cliente pagaría los servicios y equipos al precio de lista. El fabricante puso gente en la planta como parte del equipo del cliente y personal del cliente fue asignado a la unidad empresarial del fabricante como parte de su equipo.

Durante la disputa, el negocio de la planta disminuyó de más de 100 millones de dólares anuales a menos de 10 millones. Como resultado de los nuevos acuerdos el negocio regresó a 100 millones en menos de dos años. A fines del quinto año, el fabricante disfrutaba de 100% del mercado en todos los negocios, nucleares o no, y en todas las sucursales del cliente. Los negocios crecieron a ochocientos millones de dólares.

Este problema multimillonario pudo haber arruinado a dos grandes empresas. Pero cuando a alguien se le ocurrió formular las dos preguntas clave, ¿por qué?, se logró cambiar de un esquema de posiciones a uno de soluciones de colaboración. ¿No es maravilloso? Parece tan sencillo. Ahora, por experiencia sabemos cuán duro es para algunos vendedores lanzar el primer «¿por qué?». ¿Por qué los vendedores tienen problemas para preguntar por qué? Descubrimos las siguientes razones:

- ⋏ Los vendedores creen que ya saben por qué.
- ⋏ Los vendedores piensan que preguntar podría hacerlos ver muy directos.
- ⋏ Los vendedores no quieren lucir como tontos.
- ⋏ Tal vez los vendedores temen a las respuestas.
- ⋏ A los vendedores les gusta enfatizar su posición con comentarios como: «Es imposible tenerlo allí el jueves» o «Ya tiene nuestro mejor precio».

Incluso aunque pueda ser difícil, animamos a los vendedores a explorar lo que motiva la declaración del cliente o la posición que asume. A veces su cliente rehusará darle una respuesta directa a un *por qué*. Podría decir: «Porque así será» o algo igualmente inútil. ¿Y si por algo no se puede preguntar por qué? ¿Qué puede hacer?

A continuación tenemos una lista de preguntas y declaraciones que podrían ayudarle a separar los factores que motivan las posiciones que asume el cliente:

- ⋏ Apreciamos lo que usted ha hecho o está tratando de hacer.
- ⋏ Nos gustaría solucionar esto basados en principios y no bajo intereses egoístas o por presión.
- ⋏ La confianza es un tema aparte.
- ⋏ ¿Puedo hacerle unas preguntas para determinar si mis datos son correctos?
- ⋏ ¿Cuál es el principio que motiva su manera de pensar?
- ⋏ Déjeme ver si entiendo lo que está diciendo...
- ⋏ Permítame recapitular sobre...

⅄ Permítame explicarle por qué tengo problemas para comprender su razonamiento.

⅄ ¿Es posible un periodo de prueba?

⅄ Si no llegamos a un acuerdo, podemos deducir que...

⅄ ¿Qué está tratando de obtener con...?

⅄ ¿Podría expresar su propuesta en otras palabras?

⅄ ¿Podría decirme qué podemos ganar ambos con su propuesta?

⅄ Déjeme ver si entiendo su preocupación...

⅄ ¿Podría usted considerar...?

⅄ ¿Podría decirme qué problemas ve con mi propuesta?

⅄ ¿Cómo podemos decidir qué es razonable? ¿Qué es justo?

⅄ ¿Podemos dividir el punto en partes más fáciles de manejar?

⅄ Entiendo que esta es su posición, pero podía explicar ¿qué le preocupa?

Y considere usar el lado negativo para explorar el factor que motiva al cliente. Si una persona no le dice por qué, tal vez «diga su razón» si usted hace una declaración y luego pregunta: ¿Por qué no habría de funcionar esta idea? A muchas personas les encanta decirle por qué algo no funcionará. Si oye atentamente, a lo mejor podría escuchar lo que yace tras su posición.

Uno de los autores de este libro participó recientemente en el lanzamiento de un nuevo producto de consumo a nivel mundial. Cuando su cliente presentó el producto al comprador de una cadena de supermercados, el comprador lo rechazó. Cuando le preguntaron por qué, el comprador declaró que le gustó mucho el producto, pero que era temporal y ya era tarde para añadir un nuevo artículo, puesto que la temporada ya había iniciado. El interés del comprador era no quedarse con el producto sin vender al final de la temporada. Cuando nuestro cliente le ofreció aceptar las devoluciones y descontar los gastos de reaprovisionamiento, el comprador de inmediato hizo un pedido. No sólo eso, sino que prometió establecer demostraciones en las tiendas.

Otra técnica es el método de preguntas múltiples. No haga sólo una pregunta esperando conocer toda la motivación tras esa posición. La mayoría de las veces tendrá que plantear una pregunta y añadir otra más específica, seguida de otra y así sucesivamente.

La próxima vez que oiga a un cliente decir: «El término de pago es de noventa días», no discuta lo injusto de esa posición ni las diez razones que tiene el cliente. Pregunte por qué y espere la respuesta.

El uso de marcos de pensamiento para descubrir la motivación

Piense en los marcos de pensamiento cuando trate de descubrir la motivación que existe tras una posición; éstos son perspectivas a través de las cuales vemos una negociación. Cada lado tendrá su propia perspectiva de cada tema, y no es sorprendente que ellos a menudo vean los mismos temas de formas muy distintas. Esos marcos son creados por valores, experiencias y creencias, por lo que es absolutamente lógico para partes diferentes traer perspectivas diversas a la mesa de negociaciones. Las perspectivas se pueden definir como «colecciones de percepciones y pensamientos que usa la gente para definir una situación, organizar la información y determinar lo que es importante». Creamos marcos para dar nombre a la situación en la cual nos encontramos, identificar e interpretar aspectos específicos que nos parecen clave en el entendimiento de la situación, y comunicar la interpretación a otros. Otra forma de decir esto es: todos miramos el mundo (o cualquier situación que negociemos) a través de nuestros propios filtros. Algunos de esos filtros o marcos podrían ser:

 ⅄ *Poder.* Muchas personas verán cada elemento de la negociación en términos de si eso incrementa o disminuye su poder.

▲ *Riesgo.* Cada uno tiene una tolerancia diferente al riesgo y la gente estima los tratos en términos de riesgo o recompensa.

▲ *Antecedentes.* La experiencia personal, buena o mala, afectará la manera en que los individuos lidian con sus negociaciones.

▲ *Ética.* Es provechoso, pero no absolutamente necesario, que ambas partes compartan valores.

▲ *Confianza.* Algunos confiamos mucho en los demás. Otros no.

Cómo implementar el concepto de marcos y filtros

Primero, reconozca que cada partido entra a la discusión con su propio marco de pensamiento. Si los marcos son similares, entonces la probabilidad de llegar a un acuerdo se realza. Si son opuestos o considerablemente diferentes, la probabilidad de alcanzar un acuerdo quizá sea inversamente proporcional al grado de las diferencias.

Segundo, puesto que el marco es parte de todas las negociaciones, es posible que necesite modificar algunos puntos a fin de lograr un acuerdo. Realinear marcos significa reconocer que el marco que emplea puede ser inadecuado o improductivo para el tema en que está trabajando. A veces es tan sencillo como tener establecido lo que cada partido busca en las negociaciones, así puede identificar entonces sus áreas coincidentes y aquellas que necesitarán más discusión. También puede ser muy difícil, por ejemplo, si uno o ambos partidos deciden no revelar por qué han asumido cierta posición.

La reformulación del marco de pensamiento emplea varios aspectos ya mencionados:

▲ formular preguntas,

▲ escuchar,

▲ seleccionar un tema y plantear numerosas ideas para lograr una solución,

▲ discutir un punto difícil para poder seguir adelante,

▲ descansar un rato para reenfocarse,

▲ aclarar y ampliar el tema,

▲ descubrir la motivación.

Tercero, cuando los temas parecen demasiado difíciles para resolverse, retroceda y mire el marco desde su punto de vista y el de la persona sentada frente a usted. Hágase esta pregunta: ¿Estamos realmente hablando del mismo punto?

A veces, las partes se obstinan tanto en establecer sus puntos que ni hablan directamente del punto y realmente no se comunican. Cuando eso sucede, el resultado casi siempre es frustración y algo así como un callejón sin salida. Para evitar eso, usted tiene que concentrarse en la intención de las palabras. Busque puntos en común. Si no puede encontrarlos usando los marcos que llevó a la reunión, modifíquelos. Allí, en algún punto, puede estar la solución.

CAPÍTULO 13

SU EQUIPO DE NEGOCIACIÓN: ¿DON DEL CIELO O DESASTRE? DEPENDE DE USTED

Tener un equipo de trabajo es una buena idea cuando usted entra en negociaciones complicadas o críticamente importantes. Cuando se aprovecha, el equipo puede ser más creativo, eficaz y eficiente que cualquier individuo. Note que dijimos «cuando se aprovecha». Como cualquiera de las otras habilidades para negociar, la negociación en equipo requiere de lógica y planificación para obtener resultados; el sólo llegar con un gran número de personas puede ser un enorme desperdicio de tiempo y recursos. En este capítulo hablaremos de los elementos clave de la negociación en equipo.

La mayoría de los vendedores pueden brindar muchos ejemplos de una estrategia de equipo que les falló. Hace años, uno de los autores estaba preparándose para llamar a un cliente importante y hablar acerca de un pedido grande de productos plásticos; decidió llevar a un ingeniero de materiales por si la discusión se hacía muy técnica. Como esperaba, el cliente retrocedió ante los precios cobrados por la compañía. En un esfuerzo para ser útil, el ingeniero intervino para decir: «Nuestros productos casi no contienen resina reprocesada». Como una de las claves de la venta era la promesa de que los productos eran de 100% resina virgen, el «casi no» no era sólo inútil sino que desvió la reunión a una dirección negativa. Si usted va a usar un equipo, tiene que manejarlo y dirigirlo para evitar un desastre como ese.

¿Cómo sé si necesito un equipo?

Hemos aludido a esta pregunta en capítulos anteriores. Ahora vamos a enfrentarla. Para que sepa si debe llevar a alguien consigo, usted necesita responder dos preguntas:

1. ¿Quién va a estar sentado en el lado del comprador?
2. ¿De qué quieren hablar?

¿Cómo averigua eso de antemano? Usted llama y pregunta. Por ejemplo, si averigua que el cliente va a llevar a un técnico en informática y esa área no es su punto fuerte, entonces debe llevar a alguien que pueda contestar las preguntas, o no será una reunión muy productiva. Si el cliente va con su abogado, definitivamente no debería llegar sin el suyo.

¿Cuánta gente quiero en mi equipo?

No hay reglas categóricas al respecto, pero a menudo es errado sorprender a la contraparte con un contingente enorme de su compañía. Si el cliente tiene a dos representantes en la mesa y usted llega con doce, le envía el mensaje de que su compañía no es muy eficiente y que sus gerentes no tienen mucha autoridad para actuar solos. Pensamos que con excepción de algunos casos, es un error superar en número a la contraparte. Si ellos tienen en la mesa a dos personas, tres es suficiente para usted. Más de eso, es muestra de ineficiencia.

Estrategia de equipo

Los equipos exitosos no se forman por inercia ni son un espectáculo de fuerza. Cada uno debe tener una razón para formar parte de su equipo y cada persona debe saber exactamente cuál es su función, mucho antes de que usted salga de su oficina. Usted quiere equilibrar a sus expertos con los del cliente; si no tiene autoridad para debatir en las decisiones que probablemente se tomarán, necesita llevar a alguien que pueda hacerlo.

Todos los miembros del equipo deben saber qué puntos se tratarán, además de cómo y dónde se espera que ellos contribuyan en la discusión. También deben saber los papeles que desempeñan los demás miembros del equipo y lo que cada uno de ellos debe o no decir. Lo último que usted necesita es que un individuo técnico se ponga a hablar de fijación de precios o asuntos de mercadeo (vea el ejemplo dado al inicio de este capítulo).

Es una idea buena designar a alguien que tome notas de la reunión. Eso libera a los demás miembros del equipo para que se concentren en lo que sucede en la negociación; quien tome las notas también puede ser uno de los expertos en la materia.

Líder de equipo

Todo equipo necesita a un líder claramente definido y, contrario a lo usual, éste no es necesariamente el miembro de mayor posición. El líder debe ser la persona con el conocimiento más profundo acerca del cliente. A menudo será el vendedor local o el encargado de ventas regional. Resista la tentación de alinear a su equipo como piezas de ajedrez; eso es contraproducente y puede ser causa de confrontaciones.

Una mejor forma de acomodar a su equipo es que se sienten mezclados con el de la contraparte. Este arreglo refleja mayor colaboración y no se mira como si fuera «nosotros contra ellos», pero lo más importante es que eso le permite mantener el contacto visual con los otros miembros de su equipo. Si la mesa es redonda, la misma lógica sirve. Intente sentarse de tal forma que siempre pueda mantener a su equipo a la vista. Si es posible, trate de sentar a los expertos en la materia juntos, de modo que puedan sostener conversaciones separadas sin distraer el grupo entero.

Asientos influyentes

Si se encuentra en la sala de conferencias de su cliente, en particular si la sala está al lado de la oficina privada de un ejecutivo, usted puede estar muy seguro de que la silla «A» es el asiento que le gusta al ejecutivo. No se siente allí. Es mucho mejor que se siente en la silla «B» o «D». Si se sienta en la «A», viola el territorio de su cliente y probablemente hará que se incomode o enoje. Si se sienta en la silla «C», habrá creado una disposición como de contrincante, uno frente al otro en la mesa. «B» y «D» son los mejores asientos porque usted está en una posición que permite más colaboración y consulta. La silla que escoja para sentarse cuenta, no debería escogerla de forma arbitraria. Planificar de antemano el lugar en que cada miembro debe sentarse es importante para ambos lados.

Señales de equipo

En negociaciones de equipo, es sabio establecer unas señales sencillas (no verbales) de antemano. Darle una patada a alguien bajo la mesa podría ser un modo eficaz de hacerlo callar, pero no es muy profesional. Y cuando la persona reacciona con un grito o mueca de dolor, usted le ha dicho a la contraparte que están recibiendo información que no quiere que sepan. Aunque sería agradable, no es posible tener veinticinco señales diferentes para su equipo. Tener más de tres tiende a confundir. Sus miembros de equipo se van a confundir y usted parecerá el entrenador de tercera base que manda mil señales al bateador del equipo. Para la mayoría de las reuniones, tres señales básicas son suficientes. Recomendamos lo siguiente:

1. ¡Deje de hablar!
2. Quiero tomar un receso tan pronto como este punto se termine; por favor, no comiencen un nuevo tema.
3. Permítanme tomar el control de la conversación.

Estos son bastante universales y cubren la mayor parte de las ocasiones en que uno quiere comunicarse con su equipo, sin hablar. Para comunicar estos puntos a nuestros compañeros, usamos una pluma como señal; ésta no es más que un instrumento para escribir, lo único que la hace especial es que usted realmente no escribe con ella; usted la coloca a la vista, cerca de sus notas y su libreta, pero usa otra pluma para escribir.

Nadie al otro lado prestará atención a una pluma suplementaria en la mesa, pero su equipo estará entrenado a vigilarla. Por ejemplo, si decide que quiere descansar un rato, usted recogería la pluma, jugaría con ella sutilmente por un momento de modo que todos sus miembros de equipo lo capten, y luego la coloca en su bolsillo. Ahora ellos saben que usted está ansioso por descansar, y no inician un nuevo tema de conversación. Tan pronto como alguien de ambos lados haga una pausa, usted va a pedir un intervalo de espera y saldrá de allí.

La misma idea funciona con «Deje de hablar». Si alguien en su equipo se dirige a territorio peligroso, usted puede recoger la pluma y pararla con la punta hacia la mesa. Al mismo tiempo, puede mirar al individuo fijamente de modo que sepa que debe estar alerta a la señal. Si la persona está bien entrenada, recibirá el mensaje y se callará. Esto es mucho más sutil y elegante que darle una patada bajo la mesa, y es igual de eficaz.

El líder también deberá tener una señal que indique «devuélvanme el control de la conversación». Algunas veces un miembro del equipo puede dejarse llevar por algún tema y resulta útil poder readquirir el control de la reunión sin hacerle quedar mal. La señal puede ser algo tan sencillo como apuntar la pluma hacia sí mismo.

Usted puede designar más señales si así lo desea, pero recomendamos enfáticamente que limite el número para evitar el caos. Es muy útil comunicarse con su equipo sin que la contraparte entienda sus mensajes. No tenemos que mencionar que esta clase de cosas tiene que formar parte del proceso de planificación, no algo espontáneo.

Resumen

Un equipo puede ser un instrumento de negociación poderoso o una pérdida de tiempo para todos. Es responsabilidad del líder asegurarse de que todos los miembros sepan por qué están en el equipo y lo que se espera de ellos durante las negociaciones.

No olvide tomar recesos. Si su estrategia de equipo no trabaja o surge algo nuevo e inesperado, pida un tiempo de receso y reúnase con su equipo para asegurarse de que cada uno está al día. Si las negociaciones se prolongan, podría hasta pedirle a la contraparte un espacio privado que pueda usar. Esto es mejor que reunirse en medio del pasillo para discutir el siguiente paso. Un poco de tiempo invertido en la planificación paga dividendos enormes cuando la acción comienza a calentarse. La diferencia entre los profesionales y los novatos está en los detalles.

CAPÍTULO 14

CREATIVIDAD: EL SECRETO DEL NEGOCIADOR EXITOSO

LA CREATIVIDAD NO ES SIEMPRE MENCIONADA EN EL MISMO contexto de las negociaciones; eso no es bueno, porque es una habilidad crítica que forma parte del arsenal de los maestros de las negociaciones. Reconozcámoslo, algunas veces uno se bloquea. A pesar de su planificación, estrategias y consideración de alternativas, las cosas no funcionan. A veces la situación se debe a un asunto de peso como el precio, los términos de ventas o la fecha de entrega. En otros casos, es algo relativamente secundario como la presentación o tamaño del paquete. De cualquier forma, en una negociación compleja, hay literalmente cientos de detalles, grandes y pequeños, que pueden arruinar su negociación.

Cuando eso sucede, usted puede hacer uso de las múltiples habilidades de las que hemos hablado ya, para lograr que las cosas sucedan. Usted puede descansar un rato, puede cambiar a alguien o algunas cosas en la negociación; o bien, puede utilizar sus conocimientos y llegar a la mesa de trabajo con una solución que no sea obvia de manera inmediata, pero que satisfaga los intereses de ambas partes.

Permita que le demos un par de ejemplos rápidos de cómo funciona esto:

Uno de nuestros socios tiene un amigo que es administrador de una propiedad comercial. Es responsable de la operación de varios edificios de oficinas en Richmond, Virginia y acudió a nosotros con un problema que tenía en uno de los edificios más antiguos.

Los inquilinos estaban enojados porque sentían que el funcionamiento del viejo elevador del edificio les costaba tiempo y dinero. Había sido instalado hace muchos años y, aunque había recibido buen mantenimiento, era mucho más lento que los modelos nuevos. Los inquilinos veían que sus empleados y clientes perdían un tiempo valioso cada día esperando a que el viejo elevador los llevara a sus respectivos pisos. Así que enviaron una carta amenazando con no renovar sus contratos de alquiler a menos que los dueños del edificio encontraran una manera de acelerar el funcionamiento del aparato o lo sustituyeran por uno nuevo.

Cuando nuestro amigo llevó la petición al dueño, le dijeron que el elevador estaba todavía en buenas condiciones y que no tenía ninguna intención de sustituirlo; funcionaba a la velocidad que fue diseñado y no podía ser acelerado, así que era responsabilidad de él (nuestro amigo) encontrar la manera de apaciguar a los inquilinos y que estuvieran contentos.

Analizamos junto con nuestro amigo el problema, consultamos a los expertos en la materia y obtuvimos una solución que hizo feliz a todos y costó menos de doscientos dólares.

¿Quiere saber lo que hizo?

Puso un espejo grande en el vestíbulo del elevador. Ahora, por las mañanas, la gente no está de pie frente al elevador mirando sus relojes, murmurando contra el propietario. Ahora se miran en el espejo, observan su maquillaje, sus corbatas, miran sus dientes, etc., antes de que se den cuenta, el elevador está allí para llevarlos a su piso. Problema solucionado con pensamiento creativo. La respuesta no era obvia, pero estaba allí. Por lo general está en algún sitio.

Usamos esta historia en una clase en Roma hace varios años y cuando hicimos preguntas, una mano se levantó en el fondo de la clase. Un representante de ventas de Zurich dijo que tenía un ejemplo parecido. Aquí está su historia:

La terminal internacional del Aeropuerto de Zurich era constantemente escenario de quejas de pasajeros por el tiempo que tardaba en llegar el equipaje. Muchos de los pasajeros bajaban del avión cansados y malhumorados por toda una noche de vuelo, y pasaban rápidamente por migración. Sin embargo, una vez que llegaban al área de aduana, la espera por el equipaje parecía interminable.

Las investigaciones que hicieron los directivos del aeropuerto revelaron que poco se podía hacer para acelerar el trabajo de los despachadores de equipaje, las bandas transportadoras o los tranvías que trasladaban el equipaje de los aviones a la terminal. Todos trabajaban tan rápido como podían.

Después de mucho pensar y de múltiples reuniones donde se aportaban ideas novedosas, los directivos encontraron una solución que no les costó inversión alguna.

¿Qué hicieron?

Crearon una nueva ruta para los pasajeros que llegaban en vuelos internacionales.

La nueva ruta toma de cinco a diez minutos más de camino. Ahora, mientras los pasajeros pasan por inmigración y se dirigen hacia la aduana, lo más seguro es que sus equipajes ya estén bajando por el carrusel.

Los viajeros abandonan la terminal del aeropuerto expresando admiración por la eficacia de los servicios aeroportuarios en Suiza.

¿Acaso no es grandiosa la creatividad?

Estos ejemplos nos gustan porque, en ambos casos, las soluciones no están escritas en un manual y probablemente no surgirán durante las discusiones comunes de los problemas. Para llegar a soluciones creativas como estas, usted tiene que hacer varias cosas:

- ⅄ Incluya a tantas personas como pueda en el proceso. A veces las personas que no son expertas en la materia son especialmente útiles porque no están limitadas por ideas preconcebidas.

- ⅄ Comience planteando el problema al equipo y luego pida ideas; acéptelas de un modo no crítico. Escríbalas en un pizarrón y asegúrese de que todos las comprendan.

- ⅄ Involucre a su cliente en este proceso tanto como le sea posible. Esta es una manera de establecer una atmósfera de colaboración para el resto de la negociación; cualquier solución que el cliente aporte en el desarrollo será mucho más fácil ponerla en práctica.

- ⅄ Asegúrese de que todos entiendan que no hay ideas estúpidas; el más torpe de ellos puede ser el mejor.

- ⅄ Sea comprensivo con las ideas del grupo; no excluya. Anime a las personas introvertidas a hablar. A veces ellos tienen grandes ideas, pero son demasiado tímidos para decir algo sin la ayuda o el empuje de otros.

- ⅄ Repase cada idea de la lista, y pregunte: «¿Creen que eso puede funcionar?»

- ⅄ Tome segmentos de una idea y combínelos con algo interesante de otra, y genere soluciones únicas.

Trate de refinar las ideas y encuentre la forma de hacerlas funcionar.

A veces las mejores ideas son las más extravagantes. Veamos otro ejemplo:

El puente Sydney Harbor está catalogado como una de las maravillas de la ingeniería en el mundo. Es una estructura altísima que se eleva 130 metros por encima del ocupado puerto de Sydney; con poco más de un kilómetro de longitud, es el puente con arcos de acero más grande del mundo, lo que proporciona un escenario espectacular a la Casa de la Ópera en innumerables fotografías y videos del famoso puerto de Sydney. Desde que abrió en 1932, el puente ha estado tan ocupado como fotografiado; en la actualidad circulan sobre él más de 150.000 vehículos por día.

La combinación de ese tránsito pesado y los efectos corrosivos del ambiente, han tenido su efecto sobre el puente. El mantenimiento es tarea sin fin y costosa; Pintarlo de nuevo toma 10 años y 21.000 galones de pintura, los 6 millones de remaches que lo sostienen deben ser reemplazados con regularidad. En total cuesta más de 5 millones de dólares al año mantener la estructura en buenas condiciones.

Ese gasto es una carga considerable para el presupuesto del gobierno. En 1989, el empresario local Paul Cave se reunió con los directivos de la ciudad y sugirió la idea de una compañía mixta para ayudar a sufragar los gastos de mantenimiento. Su idea era tan extravagante que se rieron de él en la reunión. Como no es una persona que se da por vencida fácilmente, Cave pasó los siguientes nueve años presionando a varios funcionarios estatales y locales para conseguir una audiencia que le permitiera plantear su idea de nuevo.

Como su empresa era tan poco convencional y el gobierno muy conservador, los responsables de los permisos y licencias no podían visualizar cómo podría funcionar.

Finalmente fue venciendo a todos los escépticos que estorbaban su camino y el 1 de octubre de 1998, empezó su nueva aventura.

¿Cuál fue su idea?

Cave propuso cobrarles a los turistas para atarse con una correa a la superestructura y pasear por encima de los arcos.

Una idea loca. ¿Quién en sus cinco sentidos querría subir a más de cuarenta y cuatro pisos de altura, encadenado a un puente, expuesto a los elementos del clima y, además, pagar mucho dinero por hacerlo?

Según la gente que ha subido a la estructura, la vista panorámica del puerto tiene más valor que el costo. A la mayoría, sólo pensarlo parece ridículo. Entonces ¿cómo resultó esta idea? Si usted mira el puente hoy, podrá ver algo parecido a una columna de hormigas que avanzan lentamente a lo largo de la cumbre; todo el día se ven esas manchitas moviéndose de un extremo del arco hasta el otro.

Por más de 100 dólares por persona, la compañía de Cave, Bridge-Climb, equipa a aventureros fuertes con traje especial, guarniciones de seguridad, radio, sombrero, pañuelo, impermeable (en tiempo de lluvia), y linterna (para cuando llega la tarde). Entonces, en grupos de doce, los guías conducen a esas almas valientes en una caminata de tres horas y media sobre la superestructura del puente.

Para junio de 2005, BridgeClimb había vendido más de 1,5 millones de paseos; si usted quiere tomar uno tiene que hacer su reservación con semanas de anticipación. Los grupos parten cada diez minutos desde el amanecer hasta el atardecer. Trabajan 363 días al año.

El éxito de esta loca idea le ha dejado fama y fortuna a Cave (y muchos ingresos a la ciudad de Sydney). Y todo porque vio cosas diferentes a las demás y luego tuvo las agallas para persistir con su idea frente a muchos pensadores convencionales. Los grandes vendedores no se rinden sólo porque los demás no ven las ventajas de sus ideas.

Las mejores ideas no siempre son las más razonables y casi nunca provienen de las fuentes habituales. Cuando las cosas se ponen difíciles, el líder del equipo debe aprovechar toda la experiencia y creatividad que tenga para sugerir nuevas estrategias que permitan poner las cosas nuevamente en marcha.

CAPÍTULO 15

CERRANDO EL TRATO: ¡POR FIN!

EN ESTE MOMENTO TODO ES FELICIDAD Y SONRISAS ALREDEDOR de la mesa. Apretones de manos, abrazos y las firmas necesarias ya están sobre el papel. Ahora, nada más hay que recoger sus materiales, poner en orden sus ideas y estará listo para celebrar con una bebida, ¿verdad?

Falso.

Muchas negociaciones buenas se estropean exactamente en este punto. A veces los vendedores (y compradores) tienen tanta prisa por terminar que dejan cabos sueltos. A menos que tome unos minutos más para cerrar completamente la negociación, tiene muchas posibilidades de tener problemas potenciales más adelante. Entre más grande y más complicado sea el trato, más importante es el siguiente paso.

Aunque un contrato sea sólo un contrato y una orden de compra sea solamente eso, existe, casi siempre un área gris en el trato, particularmente en uno grande. Usted se ahorrará mucho tiempo y evitará preocupaciones si toma unos minutos más y hace lo siguiente:

Haga un resumen del acuerdo

En una hoja de papel aparte, anote lo que cada uno de los interesados ha consentido en hacer con el fin de llegar a un acuerdo en la negociación. Esto es importante porque regularmente las personas tienden a recordar solamente lo que les conviene. Muy a menudo, los pasos a implementar (por ejemplo, quién va a programar los números de producto en el sistema y cuándo) no se explican detalladamente en el contrato. O si el cliente se había resistido a conceder un punto específico, tiempo después podría no recordar con exactitud los datos y las diferencias entre el contrato verbal y el formal.

Puesto que ya ha estado tomando notas (vea el capítulo 11), debería ser fácil hacer un resumen de los puntos acordados por cada parte.

En algunos casos es apropiado pedir a las partes interesadas firmar o aprobar ese documento con su rúbrica. Actualmente es más fácil enviar el resumen por correo electrónico a todos los involucrados en la negociación.

Este paso le protegerá de:

⅄ Problemas de memoria de ambas partes.

⅄ El comprador que falta a su palabra a un compromiso hecho de manera verbal durante la negociación.

⅄ El cambio de prioridades que apartan a la gente de su proyecto.

⅄ Los cambios de personal que pudieran impactar el trato. Si el comprador es sustituido, el registro escrito de la negociación le protegerá contra tener que volver a iniciar el trato.

El documento en sí mismo debe ser breve y preciso, redactado en lenguaje claro, deberá explicar detalladamente los datos acordados por cada parte.

Algunos ejemplos de los puntos que el acuerdo podría contener son:

⅄ fijación y protección de precios (si la hay),

⋏ cantidades y niveles de precios por cantidad,

⋏ fechas de entrega y tiempo entre la orden y la recepción,

⋏ números de artículo, colores, cajas y mínimo de órdenes,

⋏ niveles de compra anuales (si es aplicable),

⋏ términos de pago y condiciones,

⋏ destinos de embarque y políticas de carga,

⋏ penalidades por incumplimiento,

⋏ fechas de revisión de programa (mensualmente, trimestralmente, anualmente),

⋏ información para contactar al personal clave en ambas compañías,

⋏ multas o recargos por pagos tardíos,

⋏ recargos por colores especiales, embalaje u otras peticiones especiales.

El objetivo de este documento es reunir una descripción detallada de la negociación de modo que cuando un empleado nuevo lo lea pueda entender los términos de la misma. Hacer esto puede parecer un trabajo adicional, pero piense en lo siguiente: las cosas cambian y las personas también. Ese comprador puede hacer veinte tratos más después que usted salga de su sala de juntas. Realmente, ¿quiere confiar sus comisiones a su memoria?

Otro beneficio de hacer este documento es que puede asegurarse de que las cosas que quiere que se incluyan en el trato están allí. Un poco de esfuerzo en este punto puede ahorrarle un gran dolor más tarde. Esto es también un toque de clase y profesionalismo que le ayudará a tener ventaja sobre la competencia.

Desarrolle un plan de acción

Por lo general un acuerdo negociado lleva a cada parte interesada «a hacer» sus listas. Es un error suponer que cada parte está conciente de los pasos que siguen al trato; usted debe anotarlos. El mejor momento para hacerlo es mientras todo está todavía fresco en la mente de cada uno. Usted se asombrará de lo rápido que las personas se involucran en otros asuntos y se olvidan de su trato y de lo que deberían hacer para mantenerlo activo. Si al momento de terminar la negociación, el tiempo no le permite reunir todos los puntos en un documento, entonces acuerde con la otra parte una fecha cercana para hacerlo. Cuanto más pronto, mejor.

El plan de acción no debe ser complicado, es un documento simple que resume quién ha consentido hacer qué y cuándo. Ambas partes pueden añadirle asignaciones específicas delegadas al interior de sus organizaciones.

Lo importante es tener una cronología con los pasos específicos y la gente identificada para el proyecto.

Destacar eventos importantes para la evaluación de los gerentes ayuda a mantener el proyecto en el rumbo correcto y a sacar a la luz problemas potenciales antes de que se tornen en sorpresas desagradables.

Un ejemplo de plan de acción típico podría ser el siguiente:

PROYECTO: MEGA OFFICE Y AMIGO PRESENTACIÓN DEL PRODUCTO			
PASO	DESCRIPCIÓN	RESPONSABLE	FECHA
1	Mega crea los SKU y hace espacio en sus almacenes para los productos Amigo.	Henderson	15/8/2006
2	Mega presenta la de compra a Amigo, con la información de envíos y cantidades por sucursal.	Henderson	30/8/2006
3	Amigo incorpora a Mega en el sistema de contabilidad.	Smith	30/8/2006
4	Mega envía los estimados de uso por correo electrónico a Amigo.	Henderson	1/9/2006

PROYECTO: MEGA OFFICE Y AMIGO PRESENTACIÓN DEL PRODUCTO		
5	Mega avisa a los gerentes de tiendas que inicien el retiro de todos los Asistentes Personales Digitales (PDA, por sus siglas en inglés) obsoletos.	Henderson	15/9/2006
6	Amigo inicia el envío de productos y materiales promocionales a las sucursales de Mega.	Jones	30/9/2006
7	Todos los productos se han recibido en las sucursales de Mega.	Jones	15/10/2006
8	Evaluación del movimiento del producto luego de 90 días.	Smith y Henderson	15/1/2007

Proyecto: Mega Office y Amigo presentación del producto

Asegúrese de que cada uno de los participantes en la realización del trato tenga una copia del plan; así los problemas pueden identificarse a tiempo y se pueden tomar acciones para solucionarlos de inmediato. Cuando las personas saben que tienen que comportarse de cierta manera, respetar límites y rendir cuentas, actúan mucho mejor ya que eso desarrolla un sentido de responsabilidad. Cuanto más específico sea con las responsabilidades de cada uno, mejor funcionará su programa; esto le hará más profesional dentro y fuera de su compañía. Esto también hace que su cliente quede bien, y es la mejor manera de conseguir más negocio.

Asegúrese de que la otra parte se sienta cómoda con el trato

Asegúrese de elogiar al cliente por el buen trabajo que realizó para su compañía. Él deberá sentirse tan satisfecho con los resultados del trabajo como usted. Use criterios objetivos que le muestren a su cliente las ventajas de este trato sobre cualquier otro. Ejemplos de estos criterios podrían ser promedios de industria (costo por metro cuadrado, por porcentaje de ventas, recuperación de inversión, etc.) costo actual contra estimado o costo del presupuesto.

Usted puede decir algo como: «Estamos realmente complacidos de trabajar en este trato y deseamos hacerlo con usted para sacar esto adelante. Debería estar orgulloso del trabajo que hizo para su compañía, por lo general un proyecto como este tiene un costo aproximado de 140 dólares por metro cuadrado y usted fue capaz de hacerlo por 119. ¡Felicidades!»

Déle al cliente algo que pueda llevarse consigo y mostrarles a sus socios cómo y por qué este es un buen trato.

Evaluación de la gestión de pérdidas y ganancias

Casi es hora de comenzar a celebrar, pero todavía no. Muchas compañías sólo evalúan las pérdidas en el negocio, las mejores empresas también hacen una revisión de las ganancias. Cuando los detalles están frescos en la mente de los involucrados, usted tiene que examinar los resultados y hacer algunas preguntas:

- ↟ ¿Qué factores influyeron en las ganancias (o pérdidas)? ¿Precio, características, fechas de entrega?
- ↟ ¿Dejamos el dinero en la mesa?
- ↟ ¿Hicieron nuestros competidores algo nuevo o inesperado en algún momento?
- ↟ ¿Qué deberíamos hacer diferentemente la próxima vez?

Y por último, pero no menos importante: por lo general tratamos de hacer nuestras negociaciones con espíritu de colaboración. ¿Cómo sabemos si este trato particular se logró con espíritu de colaboración? En su libro *Obtenga el sí: El arte de negociar sin ceder*, William Ury y Roger Fisher (2004), sugieren hacerse tres preguntas:

1. ¿Se cerró el trato de una forma eficiente y a tiempo?
2. ¿Fue satisfactorio el resultado final para las partes interesadas?
3. ¿Se fortaleció la relación con el cliente?

Si la respuesta fue afirmativa para los tres planteamientos, ¡felicitaciones! Acaba de tener una verdadera experiencia de trabajo en colaboración. ¡Ahora es tiempo de salir y celebrar!

CAPÍTULO 16

¿QUÉ QUIERE DECIR: «ESTOY EN UNA SUBASTA INVERSA»?

BARRY, EL DUEÑO DE BEST PRINTERS, INC., UNA EXITOSA imprenta local, quiso incursionar en el aparentemente lucrativo mundo de las imprentas comerciales. Se sintió muy emocionado cuando lo invitaron a su primera subasta en línea; nunca antes había tenido la oportunidad de participar en ese tipo de eventos, Barry visitó el sitio Web que sugirió la compañía que dirigía la subasta (para clientes desconocidos), leyó las reglas y procedimientos. La subasta comenzó y, después de la primera ronda, Barry se sintió bastante bien cuando seis de las diez imprentas potenciales se habían retirado después de la reducción inicial de sólo 15% (Best Printers, Inc., siempre disfrutaba de márgenes mucho más altos, y 15% menos no estaba mal).

Después de la segunda ronda, estaba contento porque sólo había tres licitadores y la reducción era de 27% de la lista de precio de Barry; al final de la tercera serie quedaba sólo Barry y un competidor, fue entonces cuando las cosas se pusieron serias, ya que la oferta de la competencia asestó un duro golpe a Barry: 43% de diferencia con la lista de precios de Barry, más de 8% por debajo de cualquier precio que hubiese ofrecido. Barry pensó mucho antes de hacer su última oferta de 46% de su precio de lista. Casi después de pulsar el botón «Enviar», se arrepintió de haber ido tan bajo, pero sabía que su competidor era agresivo y enseguida haría una contraoferta. ¡Falso! El siguiente mensaje en su pantalla hizo que su corazón se aprisionara. ¡No hubo oferta alguna! Barry había ganado su primera subasta en línea.

Por desdicha, diez meses después de «ganar» la oferta, Barry se vio obligado a presentar una solicitud de declaración de quiebra bajo la protección del Capítulo 11. ¡No sólo perdió dinero en cada trabajo para ese nuevo cliente, sino que tampoco leyó las letras pequeñas del formato de instrucciones, éstas indicaban que era responsable de los costos de embarque de cada trabajo. Solamente esos costos añadieron 7% a cada pedido y por si esto fuera poco, el nuevo cliente le tomó tanto de su tiempo que perdió la mayoría de los clientes locales debido a la falta de atención.

Barry no es la única persona que ha sido perjudicada por las subastas inversas en la Internet.

Hay muchas ideas falsas sobre las subastas en línea, qué son, cómo trabajan y si los proveedores deberían estar involucrados. Un proveedor nos dijo: «Las subastas inversas se parecen al pecado, si hay tanta gente en contra de él, ¿cómo es que sigue habiendo tanto?» ¡Buena pregunta! Echemos una mirada a lo que son y lo que los vendedores deben saber al respecto.

¿Qué es una subasta en línea?

Creemos que esta es la mejor definición: una subasta inversa en línea es un evento en la Internet con una fecha límite, recibida por un solo comprador, en el cual muchos proveedores compiten por el negocio. A menudo (no siempre), durante las rondas de ofrecimientos, los competidores pueden ver las ofertas de uno y otro, aunque no sepan las identidades de los licitadores específicos. En muchos casos, la oferta más baja es seleccionada. Si usted alguna vez se ha preguntado por qué las llaman subasta inversa, la razón es que el comprador, no el vendedor, controla el proceso. Piense en una subasta tradicional: el vendedor es el que controla el proceso, puede prescindir del producto o servicio de la mesa si las ofertas no son de su agrado. No es así en una subasta inversa.

Recientemente el entusiasmo por este proceso ha disminuido un poco. La realidad es que esta clase de mercado funciona sólo con algunas materias primas, por suerte, la mayoría no estamos en el negocio de materias primas.

Muchos compradores han descubierto que aunque consiguieran un precio bajo, no adquirían los niveles de servicio, calidad o apoyo que necesitaban; en otros casos fueron obligados a admitir que el producto que adquirieron no era el mejor.

Esto es lo que algunos expertos que están del lado de los compradores opinan acerca del tema: Bob Emiliani opinó que «Fundamentalmente, las subastas inversas por Internet son una forma de negociación basada en el poder asistida por la tecnología», mientras que David Stec dijo: «Es una herramienta de compra con utilidad general nula en la que las ganancias del comprador, por diseño, son consecuencia de las pérdidas del proveedor; esto no influye para mejorar las relaciones comerciales. Los proveedores se ven obligados a dejar caer sus precios rápidamente en una subasta inversa, lo cual merma el margen del proveedor. Esto lo único que produce son sentimientos adversos. Todo el proceso promete más y entrega menos. Los compradores a menudo se vuelven a los proveedores originales buscando formas de colaboración para manejar los costos».

Bob Emiliani y David Stec, del Center for Lean Business Management, LLC, son investigadores expertos en subastas inversas. Emiliani y Stec son antiguos gerentes de suministros y materias primas que utilizaban subastas inversas en línea.

También hemos visto otros ejemplos de algunos proveedores «ganadores» que fueron tan inutilizados por el bajo precio de sus ofertas que se sentían incapaces o indispuestos a cumplir los términos del trato. Eso no es provechoso para ninguna de las partes. Como consecuencia de algunas de esas transacciones «no tan buenas», la popularidad de las subastas inversas en línea ha disminuido considerablemente (por suerte).

No han desaparecido por completo y probablemente nunca lo harán. El punto está en ¿cómo va a responder cuando su cliente pregunte si usted quiere participar?

¡Cómo protegerse!

Usted puede tener millones de dólares en juego con una compañía internacional grande, y la presión está sobre usted. Si dice no, la compañía podría hacer la subasta sin usted, y acabará perdiendo a un cliente potencial. Si dice sí, podría perder la mayoría o el total del margen de sus ganancias en unas horas, pero tal vez pueda retener el negocio. Este desafortunado escenario se hace cada vez más común. Aunque no nos sentemos en su silla cuando usted tenga que deliberar, tal vez podamos ayudarle en la toma de decisiones.

Si tiene un producto o servicio de marca y el comprador le ha dicho que esta será una subasta inversa anónima (donde hasta la marca no es revelada durante la oferta), entonces la venta depende del mínimo común denominador: el precio. La respuesta tiene que ser un rotundo no. La conservación de la marca es lo más importante que puede hacer.

Ahora, siempre hay formas de darle vuelta al problema, especialmente si las ventas a precios bajos, con márgenes de ganancias menores pero con ventas en aumento son importantes para su compañía. Usted podría considerar trabajar a través de un distribuidor en el que confíe o hasta comprar una subsidiaria y participar en la subasta bajo el nombre de ella.

¿Y si usted es el proveedor titular y su cliente le dice que su producto o servicio va a ser sometido a una subasta inversa? Otra vez se nos presenta una situación muy difícil para todos en el lado de las ventas. Le recomendamos dejar lo que esté haciendo y consultar a las personas que están dentro de la organización de su cliente y que usan el producto o servicio que usted provee. Usted tiene que crear lo que llamamos MID (miedo, incertidumbre y duda).

Identifique los riesgos de contratar a un nuevo proveedor que obtenga el negocio sólo porque tenía el precio más bajo. Pregunte al cliente cómo podría esto afectar su trabajo y la reputación de su compañía (recuerde que en este punto el ganador sería un licitador desconocido).

Esto nos recuerda al astronauta que, cuando le preguntaron qué pensó antes de ser lanzado por un cohete al espacio, dijo: «¡Estoy siendo lanzado al espacio por miles de partes que fueron ensambladas por el licitador que ofreció menos!» ¡Dígame si eso no es MID!

Después de difundir el factor MID, siéntese con los que tienen el poder de decisión en su compañía, y defina si va a participar en la subasta o no. Generalmente, cuando usted dice que participará, transfiere un poco de poder al comprador por la inferencia que su producto o servicio pueden ser tratados como una mercancía corriente. En algunos casos, como el ejemplo de las marcas, este podría ser un error estratégico. Nuevamente trataríamos de usar a un distribuidor, la subsidiaria o definitivamente decir «NO».

Si decide ofertar, debe considerar con anticipación las estrategias que utilizará en la subasta: dónde empezar y cuándo terminar. Sin una estrategia de retirada, es realmente un error entrar en subastas inversas, además, podría provocar un error mayor. Hay demasiadas historias sobre proveedores que hacen malos tratos y luego intentan cambiar el nivel de servicio, o hacer recortes de algún otro modo sólo para terminar destruyendo la relación con su cliente. En estos casos, realmente habría sido mejor para todos decir «¡No!» de buenas a primeras.

Si usted es un nuevo proveedor potencial con la posibilidad de ganarse un negocio por medio de una subasta inversa, otra vez le recomendamos mucha precaución. El proveedor existente puede usar el MID y otras

SAQUE SU MANO DE MI BOLSILLO

estrategias para retrasar, cambiar o eliminar la subasta; un nuevo proveedor que no ha establecido relación alguna con el cliente ni ofrecido algo de
valor para éste sólo puede ganar con el precio más bajo. Una vez más, hay
que tomar las mismas decisiones internas y establecer la misma estrategia de
retirada a tiempo. En esta oportunidad use un poco de precaución, en particular si alguien en su compañía piensa que vale la pena obtener el negocio
ahora para luego incrementar los márgenes y el precio con el paso del tiempo. Si usted comienza ofreciendo un producto corriente, sus posibilidades
de cambiar esa percepción con el paso del tiempo son muy pocas.

El papel del equipo de compras en cualquier subasta está en tratar como
mercancía corriente a todos los proveedores. Hace poco tiempo, un comprador de una importante compañía nos dijo: «Mire, nuestros ingenieros han ele-
gido tres proveedores potenciales para este trabajo. Por lo que a mí se refiere,
si ellos han sido seleccionados, significa que cualquiera de las tres compañías
puede hacer el trabajo. Ahora mi tarea es conseguir el mejor precio. Punto».

Cada compañía tiene una propuesta de valor única que describe a sus
productos y servicios. Usted tiene que convencer a sus clientes de las diferencias y ventajas competitivas inherentes que resultan de hacer negocio con
usted. Si el cliente insiste en tratar su producto como una mercancía corriente, usted no lo ha convencido (o finge que no lo ha hecho) de que es, en
efecto, diferente y que necesita las ventajas que sólo usted puede proveerle.

El ímpetu que las subastas inversas tuvieron hace algunos años ha disminuido. Esto es cierto en cuanto a productos y servicios que no pueden cata-
logarse como mercancía corriente. Sin embargo, hasta que desaparezcan por
completo, constantemente tendrá que marcar lo que lo distingue de la competencia y vender algo valioso para sus clientes. Si le resulta necesario participar en una subasta inversa, entonces, por favor, planee una estrategia para
retirarse a tiempo. Pues de lo contrario podría ganarse el negocio y perder al
cliente o generar grandes pérdidas por los bajos márgenes de ganancia.

CAPÍTULO 17

INTÉGRELO TODO

Hasta aquí le hemos dado las herramientas que usted necesita para ser un gran negociador. Seguir adelante es su decisión. Si no se decide a ponerlas en práctica y crecer, esto será como uno de los muchos discursos motivadores que lo inquietan un par de días y luego pasan a formar parte de vagos recuerdos.

No permitirá que esto suceda, ¿verdad?, esto es demasiado importante para permitirlo. Hemos mostrado que si usa estas habilidades con regularidad, le permitirán ganar (o ahorrar) dinero. Además, permitirán que sus negociaciones fluyan sin inconvenientes. También recuerde que, como los vendedores son también compradores, usted puede usarlas en su vida particular tanto como estime necesario para negociar.

Veamos un ejemplo:

La primavera pasada Tom, coautor de este libro, salió con su esposa a almorzar. Después del almuerzo, pasaron por una tienda de muebles de jardín, ya que necesitaban comprar una sombrilla para la terraza del suyo. En el piso de exhibición había un juego muy bonito como el que querían. Como era modelo del año pasado, tenía una etiqueta de «rebaja» que señalaba una buena reducción en el precio. Además, tenía otra etiqueta que decía: «100 dólares de descuento adicional, sólo por hoy».

Tom y su esposa coincidieron en que el mueble era lo que estaban buscando, además luciría muy bien en su terraza. En ese momento ella le dijo:

–Bien, a ver si nos consigues un buen trato.

Tom le contestó que el precio ya estaba rebajado, entonces ella simplemente le dijo:

–Cualquiera puede obtener ese precio. Pensé que eras un negociador excelente.

Todo aquel que ha estado casado por muchos años puede identificarse con esta situación (querer quedar bien con su cónyuge).

–Bien –contestó Tom– veré lo que puedo hacer.

El vendedor se les acercó y preguntó:

–Entonces, ¿qué piensan acerca de este juego de jardín?

La conversación se desarrolló más o menos así:

Tom: –Es muy bonito y quisiéramos comprarlo, pero hay un problema.

Vendedor: –¿Problema?

Tom: –Sí. Porque nosotros entramos a comprar una sombrilla y si gastamos todo nuestro dinero en este encantador mueble, todavía necesitaríamos la sombrilla.

Vendedor: –Entiendo.

Tom: –Ahora, si usted pudiera añadirla (lanzó el anzuelo), tal vez podríamos hacer un trato.

Vendedor: –¡No es posible! Las sombrillas ya tienen su precio y de éstas casi no obtenemos ganancia. Los muebles ya tienen el precio más bajo que podamos dar, así que no tenemos margen de negociación.

Tom: –Entiendo. ¿Qué le parece esto? Nosotros compramos los muebles y la sombrilla, también necesitaremos una de aquellas bases para sombrillas de 80 dólares. ¿Qué le parece si nos da la base sin costo (otro anzuelo), entonces tal vez podamos hacer negocio?

Vendedor: –Ummmmmm. Bueno.

Tom: –Necesitaré unos forros para los muebles (otro anzuelo). ¿Podría también dárnoslo sin costo?

Vendedor: –No, señor. ¡Eso no es posible! Le hemos dado las mejores concesiones que podemos.

Tom: –Entiendo. ¿Qué le parece este trato? Véndame los forros a mitad de precio. Esto es realmente lo que usted pagó por ellos; para mí es una buena opción y a usted no le cuesta nada (partir la diferencia).

Vendedor: –Uhhhhhhhh. Está bien.

Tom: –Pienso que estamos casi por cerrar el trato. ¿Incluye la entrega gratuita (otro anzuelo)?

Vendedor: –No sé...

Tom: –Bueno, lo siento, pero mi esposa tiene una cita en la peluquería en diez minutos. Si no podemos llegar a un acuerdo ahora, tendremos que irnos (presión de tiempo).

Vendedor: –Bien. Pienso que podemos hacer la entrega gratis.

Tom: –¿Qué le parece mañana?

Vendedor: –Ohhh. Está bien.

Tom: –Sólo una cosa más. ¿Pueden sus empleados armar los muebles ya que no soy muy hábil con las herramientas de trabajo (último anzuelo)?

Vendedor (con resignación): –Seguro, ¿por qué no?

Tom: –Entonces estamos de acuerdo. (Apretones de manos.)

Momentos más tarde, fuera de la tienda:

Tom: –¿Bien, cómo lo hice?

Esposa: –Creo que muy bien.

El punto no es que va a impresionar a su cónyuge; eso sería bastante difícil. El punto es que tenemos muchas oportunidades para practicar nuestras habilidades para negociar dentro y fuera del ambiente laboral. A mayor práctica, mejores habilidades, más ahorro de dinero y más facilidad al hacer negociaciones.

El secreto de hacer negociaciones exitosas consiste en preguntar. Muy a menudo puede que piense que las cosas no son negociables cuando, en efecto, lo son. La única manera de saber y conocer es preguntar. ¿Qué es lo peor que le pudiera suceder? Que le digan que no. ¡Gran cosa!

Veamos un ejemplo de un revés negociando, supuestamente, con eficacia. En una de nuestras clases, un participante relató la historia de una negociación de sueldo cuando fue contratado por una compañía nueva:

Presidente de la compañía: –Nos gustaría muchísimo que usted formara parte de nuestra compañía. ¿Cuánto sueldo aspira?

Candidato: –$XXXX (cualquier cantidad).

Presidente de la compañía: –Trato hecho.

No hubo mucha negociación, ¿verdad? Nuestro candidato ha pasado los últimos cinco años lamentándose por haber hablado primero en esa negociación. Nunca sabrá cuánto estaba dispuesto a pagarle su patrón para que aceptara el trabajo.

> ➤ CONSEJO PARA NEGOCIACIONES PROFESIONALES
>
> Casi siempre es mejor dejar a la otra parte que haga la primera oferta. Si es más alta de lo que esperaba, puede ajustar hacia arriba lo que aspiraba. Si es inferior a lo que usted espera, use las estrategias mencionadas en este libro para obtener y llegar a donde quiere.

Practique

Como cualquier otro tipo de destreza o habilidad, su capacidad de negociar mejorará en la medida que la practique; si no lo hace se atrofiará. Busque oportunidades para negociar en su vida particular: en las tiendas, con los mecánicos, con sus parientes, etc. ¡Diviértase! Cuando se negocia de forma apropiada, no es una confrontación, sino un regateo amistoso.

Utilice las herramientas ofrecidas en este libro:

▲ Mantenga a mano la hoja de trabajo de planificación de la negociación, y úsela con regularidad.

▲ Recuerde usar nuestras técnicas para mantener controladas sus emociones y así tener el control.

▲ Esté atento a las señales no verbales para responder de acuerdo con lo que ve.

▲ Observe el estilo de la otra parte y, de acuerdo a eso, compórtese.

▲ Tome recesos breves cuando las cosas no van del modo que usted quiere que vayan.

▲ Retírese a tiempo. Esto evitará que haga algo inadecuado.

▲ Y continúe. Todo lo que necesita para ser un gran negociador está aquí. Todo lo que tiene que hacer es aprenderlo de memoria y usarlo hasta que se convierta en parte de su naturaleza.

Asuma que todo es negociable

De nuevo, recuerde que aunque usted sea profesional de ventas, habrá ocasiones en su vida en las que será el «comprador». Hasta que no le digan otra cosa, asuma que casi todo es negociable, y vea cada situación potencial para negociar como una oportunidad no sólo de perfeccionar su arte, sino también de ahorrar unos cuantos dólares en el proceso.

Puede sorprenderse de lo fácil que es. Contrario a lo que pueda pensar, la mayoría de las personas no se ofenden ni se enojan cuando se les pide que negocien. Si les interesa hacer un trato, por lo general buscarán diferentes alternativas para concretarlo. Si usted es cortés y agradable, la mayoría de las personas le responderán de la misma forma.

Le presentamos otro ejemplo cotidiano, también de Tom, ante una oportunidad de negociación que no era muy obvia:

La primavera pasada pasó varias horas armando su nueva y lujosa parrilla a gas de acero inoxidable. Imagine su irritación cuando el encendedor electrónico nuevo, de tecnología avanzada, no funcionó para encender el propano.

Por suerte, la compañía había puesto un número telefónico gratuito directamente sobre la placa frontal de la parrilla.

Después de probar la batería para asegurarse de que ese no era el problema, Tom llamó a la línea directa del consumidor. La conversación fue algo como esto:

Representante de servicio.al cliente: –Parrillas XYZ. ¿En qué puedo ayudarle?

Tom: –Mi nueva parrilla, modelo XXX, no enciende.

Representante: –Sí, señor, tenemos problemas con el encendedor de ese modelo, tenemos que enviarle uno nuevo.

Tom: –Esto es muy raro. El vendedor de la tienda no dijo nada acerca de ningún problema relacionado con estas parrillas.

Representante: –En efecto, señor, hemos tenido este problema hace un tiempo. Es más, ya pedimos las refacciones y tan pronto la recibamos se la enviaremos.

Tom: –Está bien.

A esta altura del dialogo, mucha gente: a) insulta o le grita al representante de la compañía por lo defectuoso del producto, o b) dócilmente le dan una dirección de envío y cuelgan. Ninguna de estas dos opciones son herramientas de negociación estudiadas en este libro. Veamos esto como una oportunidad para practicar nuestras habilidades para la negociación. Esto fue lo que ocurrió:

Tom: –Bien, entonces, ¿qué va a hacer su compañía por mí?

Representante: –Perdón, ¿cómo dijo? (Estaba claro que había tenido esta conversación muchas veces, y esta era la primera vez que alguien pedía algo.)

Tom: –Bien, he comprado un producto con problemas. Ahora está armado, por lo tanto sería muy difícil para mí devolverlo.

Representante: –Sí, señor.

Tom: –Voy a tener que encender la parrilla a mano hasta que usted me envíe la pieza dañada, y luego voy a tener que instalar el encendedor yo mismo. ¿Correcto?

Representante: –Sí, señor.

Tom: –Entonces, pienso que su compañía debería hacer algo por mí para compensar el agravio y el trabajo extra.

Representante (turbado, pero no enojado): –¿Qué es lo que usted quisiera?

Tom: –Bueno, pensaba en la compra de un forro para la parrilla. Creo que ustedes deberían enviarme uno gratis (el clásico anzuelo).

Representante: –Bien. (Claramente no había leído nuestro libro, por lo que no puso una condición para cerrar el trato rápidamente, así que recibió otro anzuelo.)

Tom: –También debería enviarme un frasco del limpiador de acero inoxidable que vi en la tienda.

Representante: –Sí, señor. Podemos hacerlo.

Tom (Por suerte para el representante, en este punto dejó de pedir cosas): –Gracias.

Representante: –Gracias, señor.

Son innumerables las oportunidades para perfeccionar sus habilidades de negociación que se le pueden presentar. Tiene que reconocerlas y aprovecharlas porque ellas le proporcionan un tiempo de práctica inestimable. Se asombrará de los tratos que puede conseguir con sólo preguntar.

Recuerde, el precio no es la única cuestión en la mayoría de las negociaciones. Si resulta que éste no es negociable, busque oportunidades para influir en otros términos o aspectos del trato.

Cuando usted sea el cliente, disfrútelo

Por ser un vendedor de profesión, usted casi nunca es el cliente. Cuando le toque ser comprador, saque el mayor provecho posible de ello. Cuando tenga que comprar un auto, un electrodoméstico o cualquier otra cosa, debería usar todas las técnicas descritas en este libro para asegurarse de obtener el mejor negocio posible.

Recuperará más que el precio de este libro la primera vez que necesite comprar un electrodoméstico si emplea los principios que le hemos mencionado. Además, lo disfrutará. Toda la presión va a ser contra el vendedor, no contra usted.

Siéntase orgulloso de sus nuevas habilidades

A menudo iniciamos nuestras conferencias pidiendo que levanten las manos las personas que negocian cada día. Generalmente todos lo hacen. Insistimos en preguntar: «¿Quién aquí se considera que es un buen negociador?» Es raro ver más de una o dos manos.

Lo cierto es que la mayoría, incluso personas exitosas en el campo de los negocios, sienten que todavía deben mejorar mucho cuando hablamos de habilidades para la negociación.

Si asimila y practica el contenido de este libro, usted tendrá mucho más confianza y se sentirá seguro en las muchas negociaciones que enfrentará de aquí en adelante. Todo lo que hemos cubierto es ético y profesional, por lo que no debe tener temores con el uso de estas técnicas.

Ahora, si está listo, tenemos un desafío más para usted. Solamente asegúrese de que realmente ha aprendido lo que hemos mostrado en este libro. Pase al siguiente capítulo y tome la prueba. Sus resultados le darán una buena idea de dónde está parado como negociador.

CAPÍTULO 18

EXAMINE SUS CONOCIMIENTOS (¿ESTÁ REALMENTE PREPARADO PARA ENFRENTAR A LOS COMPRADORES?)

MEDITE EN ESTO: ¿ESTÁ LISTO PARA SALIR Y JUGAR CON LOS grandes? Veamos. En este capítulo, le daremos veinte oportunidades para probar sus nuevas habilidades para negociar. Ésta es una forma de practicar antes de enfrentar a sus clientes sin consecuencias negativas.

Le presentaremos un escenario seguido de múltiples opciones para elegir. Usted puede encontrar las respuestas y verificar sus resultados en el Apéndice II. No debe copiar ni consultar las respuestas. ¡Buena suerte!

Escenario # 1

Su cliente discute su proposición en relación con la de la competencia. Cuando habla, usted observa que la cliente se toca la parte inferior de la barbilla. Ella le indica que su oferta es aproximadamente 20% más alta que las demás. La reacción correcta a esta situación es:

a) Pedirle más tiempo de modo que pueda presentar de nuevo su oferta con números revisados y basados en esta nueva información.

b) Decirle que su oferta es la mejor que puede hacer.

c) Pedirle más información sobre las ofertas de la competencia.

d) Decirle que bajará su precio en 20% si con eso cierran el trato.

Escenario # 2

Usted está en discusiones sobre un nuevo proyecto con su cliente, y él saca a relucir un problema acerca del producto que ocurrió hace dos años. Le reclama ya que eso le causó a la compañía una pérdida valorada en 5.000 dólares, y le pregunta qué ajustes pueden hacer por la cantidad mencionada para «compensar» el problema anterior.

La respuesta correcta es:

a) Ofrecerle dividir la cantidad y ver si está dispuesto a recibir la diferencia de 2.500 dólares.

b) Decirle que las dos partes fueron responsables del problema y ambas compañías tendrán que asumir las consecuencias.

c) Informarle que usted no sabe nada acerca de esta situación y que volverá con una solución.

d) Reconocer que el problema ocurrió, acordar una nueva cita para ese asunto, pero mantener el tema aparte hasta que este nuevo trato sea concluido.

Escenario # 3

Al final de una negociación, el cliente exige algunas concesiones. Lo que está pidiendo es relativamente irrelevante y de muy poco valor para usted, aunque sabe que si le otorga lo que quiere le ayudará a cerrar el trato. Usted decide:

a) Darle lo que pide a fin de agilizar el cierre del trato.

b) Concordar con la petición si el cliente acuerda darle a cambio algo del valor aproximado.

c) Decir que no.

d) Pensarlo mientras toma un breve descanso.

Escenario # 4

En el transcurso de una negociación importante, se percibe que el líder del equipo contrario demuestra un estilo C1 muy fuerte (conquistador). Usted dirige a su equipo, pero todos sus esfuerzos por lograr mayor colaboración han fallado. La mejor actitud que puede adoptar en este momento es:

a) Conceder.

b) Colaborar.

c) Conquistar.

d) Comprometer.

Escenario # 5

Durante una intensa sesión de negociación uno a uno, el comprador le sorprende con una muy baja oferta de un competidor desconocido. Esta nueva información trastorna su presentación cuidadosamente elaborada, lo cual le produce un poco de inseguridad sobre cómo continuar. En este punto, usted debería:

a) Seguir adelante con su presentación como lo había planeado y esperar lo mejor.

b) Disculparse con el comprador y decirle que debe hacer una llamada telefónica.

c) Detener su presentación y discutir la contraoferta.

d) Decirle al comprador que necesita salir un momento.

Escenario # 6

La reunión se desarrolla como lo había planeado, pero de repente el comprador se enfrasca en un punto relativamente irrelevante. Su posición no es lógica. Usted debería:

a) Pedirle que le ayude a comprender por qué este punto en particular es tan importante.

b) Decirle que esto no tiene ningún sentido.

c) Tratar de ponerse en su lugar para ver las cosas desde su punto de vista.

d) Tomar un breve descanso.

Escenario # 7

El comprador le pide que le enseñe su propuesta; la toma, va a la última página (la única que refleja los números) y revisa los precios. Después de un breve instante, suspira profundamente y pone su cabeza en su mano. Usted debería:

a) Volver a la propuesta original y tratar de convencerle.

b) Decirle que esta es sólo una cotización preliminar y que puede mejorar sus precios.

c) Preguntarle qué es lo que no le gusta de todo esto.

d) Hacer nada.

Escenario # 8

Usted se encuentra en lo que debería ser el final para cerrar un trato grande con un cliente importante. Cuando los participantes de ambos lados entran y se sientan usted nota que el jefe de su comprador, que ha tomado un papel activo en el trato hasta ahora, no está en el salón. Usted decide:

a) Conseguir rápidamente una señal que le indique que el trato se cerrará, antes de que el jefe llegue.

b) Posponer la reunión para más tarde.

c) Preguntarle al comprador por qué su jefe no está allí.

d) No poner su mejor oferta sobre la mesa.

Escenario # 9

Cuando usted presenta su oferta, observa que el comprador coloca las manos delante, con las yemas de sus dedos tocándose. La respuesta correcta es:

a) Continuar, él le está atendiendo.

b) Dejar de hablar y preguntarle lo que piensa de la oferta hasta ahora.

c) Tomar un descanso.

d) Darle más detalles.

Escenario # 10

Durante la preparación del plan para una negociación importante, está conciente de que el precio va a ser un factor determinante. Además, sabe que tiene que trazar su estrategia para fijar los precios de antemano. Al formular su plan, la primera cifra que tiene que saber es:

a) Lo que piensa que le tomará obtener el trato.

b) Su precio inicial.

c) Su precio final.

d) Su primer movimiento.

Escenario # 11

Después de una larga y compleja negociación, usted consigue finalmente firmar el trato. Le cuesta creer que ha terminado. Su próximo paso es:

a) Salir de su oficina rápidamente antes de que el cliente quiera cambiar algo.

b) Reunirse con su equipo interno.

c) Ofrecerle a su cliente una cena para celebrar.

d) Formular juntos un plan de acción.

Escenario # 12

Usted planifica una reunión para un cliente importante. Averigua que el comprador del otro equipo trae a dos expertos en la materia y además al abogado de la empresa. Pensando en su propio equipo de negociación, usted decide:

a) Asistir solo porque sabe que puede manejar cualquier situación que se presente.

b) Traer cuatro o cinco especialistas por su cuenta para que negocien si se presenta algún imprevisto.

c) Traer dos expertos para equilibrar la reunión y a su abogado.

d) Traer a un gerente de alto rango de su compañía por si el cliente necesita que usted tome una decisión para la que no tiene autoridad.

Escenario # 13

Es la misma situación que el escenario anterior (No. 12) salvo que usted averigua que su abogado no puede asistir a la reunión. Usted debería:

a) Ir con el equipo que tenga.
b) Posponer la reunión de modo que pueda traer a su abogado.
c) Conseguir una sesión informativa interna de su abogado antes de asistir a la reunión.
d) No hablarle directamente al abogado del cliente y tomar notas.

Escenario # 14

El cliente estudia su oferta durante varios minutos, alza la mirada, y le dice: «La competencia tiene una mejor oferta, ¿qué me ofrece?» Usted responde diciendo:

a) «¿Qué es lo mejor que puedo hacer?»
b) «Esto es sólo una cotización preliminar».
c) «Dígame más sobre la oferta de la competencia».
d) «Es lo mejor que podemos hacer. Esperamos ganar el trato».

Escenario # 15

¿Cuál de los siguientes puntos usualmente no es tema de la igualdad de postura en la negociación?

a) Vestir apropiadamente.
b) Mostrar confianza.
c) Su título.
d) Colocarse la insignia de identificación.

Escenario # 16

El comprador le dice: «Felicitaciones, hemos decidido concederle a su compañía los puntos No. 1 y 2 del contrato. Sus precios son muy buenos. Vamos a darles a sus competidores los puntos No. 3 al 6». Con anticipación, usted ya ha reducido intencionalmente sus márgenes en (1) y (2) a fin de negociar los puntos (3) al (6). Ahora ¿qué va a hacer?

a) Firmar el negocio tan pronto como le sea posible.

b) Decir que no le interesan los puntos (1) y (2) a menos que también le dé (3) al (6).

c) Tomar un receso.

d) Decirle que tendrá que calcular de nuevo los precios para (1) y (2) solamente.

Escenario # 17

Usted está estancado con el comprador en el precio de su producto, el tiempo pasa, el comprador le mira y dice: «¿Por qué no dividimos la diferencia?» Usted revisa los números y se da cuenta de que si negocia la mitad de su precio, el resultado es muy favorable para su compañía. Usted dice:

a) «Está bien».

b) «Tengo que hacer una llamada telefónica».

c) «Si le complazco, ¿firmamos el contrato ahora?»

d) Ninguno de los anteriores.

Escenario # 18

Cuando usted hace los cálculos de los números para la presentación a un cliente importante, traza su estrategia sobre su punto de precio inicial.

Su precio de cierre es de 8.000 dólares, su punto de partida tiene que ser aproximadamente 2.000 dólares más alto. ¿Cuál de los precios que aparecen a continuación sería el más apropiado?

a) 10.000 dólares.
b) 9.995 dólares.
c) 10.185 dólares.
d) Ninguno de los anteriores.

Escenario # 19

Usted llega a la sala de juntas para una importante reunión con el equipo de adquisición de productos del cliente; esta sala es usada también como oficina del vicepresidente. Su equipo ha llegado temprano, y usted, que es el negociador principal, tiene la opción de elegir sus asientos. Basado en este gráfico, ¿qué asiento debe elegir para usted?

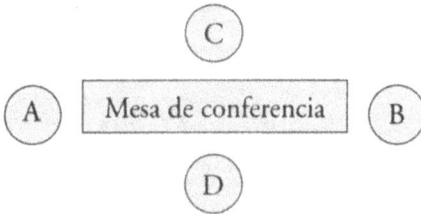

Oficina del vicepresidente

a) A.
b) B.
c) C.
d) D.

Escenario # 20

Usted está en su auto en medio del tránsito, responde a una llamada en su teléfono celular del comprador con el que ha estado trabajando en una negociación grande durante un mes. El comprador le dice: «Me alegra que lo encontré, estoy camino a una reunión para tomar una decisión respecto a su trato. ¡Necesito su mejor y final oferta ahora!» Su respuesta es:

a) «Ya la tiene».

b) «Deme diez minutos para examinar su archivo y le llamaré enseguida».

c) «¿Cómo se comparan mis precios con los de la competencia?»

d) «¡Hola! ¡Hola! La comunicación está muy mala y no puedo escucharle. Tendré que llamarle enseguida».

Ahora revise sus respuestas en el Apéndice II. ¿Cómo le fue?

CAPÍTULO 19

LA COMPRA DE UN AUTOMÓVIL: ¡FINALMENTE USTED ES EL CLIENTE!

ES IMPOSIBLE CONDUCIR UN TALLER DE NEGOCIACIONES en Estados Unidos y no hablar de la experiencia que vivimos al comprar un auto nuevo. Esta parece ser una actividad universalmente impopular, sin considerar la edad del comprador, sus antecedentes ni su posición social; algunas personas se han traumatizado con este proceso a tal punto que prefieren encargarles a otros la compra de sus autos.

Esa no tiene que ser la única alternativa. Como vimos en uno de los capítulos anteriores, este es uno de los pocos casos en los que somos los compradores, no los vendedores. Si lo analiza, deberíamos poner toda nuestra fuerza y conocimiento en una transacción como esta. Después de todo:

- ¡Es nuestro dinero, y hay mucho en juego!
- No tenemos que comprar un auto de ningún distribuidor en particular.
- Ellos nos necesitan mucho más que nosotros a ellos.

Lamentablemente el proceso de adquirir un auto ha evolucionado a un complicado ritual, poniendo al vendedor en contra del comprador en un ambiente en el cual todo es una complicación para este último. Eso no quiere decir que los distribuidores de autos sean personas malas o inmorales. No. Pero su mercado laboral es un medio muy difícil en el cual tienen que maximizar las ganancias de cada vehículo que venden para sobrevivir. Este es el trabajo de ellos. No el de usted. El suyo debe ser negociar el mejor trato que pueda.

En este capítulo le mostraremos cómo invertir los papeles de nuestros amigos los distribuidores de autos y usar sus propias tácticas para conseguir y mantener el poder en esta negociación. Si lo hace correctamente, no sólo conseguirá un buen negocio, sino que será el proceso de compra de autos más eficiente y menos doloroso que haya experimentado jamás.

Usted prácticamente puede hacer todas las negociaciones de la compra de su auto por teléfono. ¡El único tiempo que empleará al salir de su casa es para firmar los documentos y recoger su vehículo! No tiene que conducir por toda la ciudad, ni aceptar tazas de café; tampoco tiene que dar vueltas alrededor del escritorio del vendedor esperando una oferta mejor.

Una de las tácticas de los vendedores de autos es tenerle el mayor tiempo posible dentro de su agencia, ellos saben que cuanto más tiempo pase ahí, menos probabilidad hay de que se marche a otra agencia a empezar de nuevo. No caiga en ese juego, sin embargo, haga que ellos jueguen el suyo.

Primera parte: cómo comprar un automóvil por teléfono

Paso # 1: Decida lo que desea comprar (probablemente esta parte no la pueda hacer por teléfono)

Este no es un libro para enseñarle a cómo elegir un auto, eso lo tiene que hacer usted solo. Hable con sus amigos, lea la revista de reportes al consumidor, lea las revistas de aficionados a los autos, busque e investigue todas las cosas que puedan satisfacer sus necesidades. Luego pruebe diferentes autos, compruebe precios y decida lo que quiere hacer. Acláreles a los vendedores de autos que usted sólo está probando y evaluando las alternativas, que aún no está listo para comprar.

Esto es importante: no importa lo que usted les haya dicho, ellos le presionarán para comprar. No ceda bajo ninguna circunstancia, ni tampoco se enamore de un auto en particular. Si lo hace, estará vencido.

Ahora tiene que decidir lo siguiente:

⋏ El modelo del vehículo,

⋏ colores de interiores y exteriores,

⋏ equipo opcional.

Cuanto más preciso sea en definir lo que desea, tanto mejor trabajará este sistema para usted.

Paso # 2: Investigue por la Internet

Ahora que sabe exactamente lo que quiere, el vehículo es sólo una mercancía. En este punto a usted realmente no le preocupa dónde lo comprará, siempre y cuando pueda obtener un buen trato.

Vaya a www.edmunds.com o www.kbb.com, y consiga la información financiera para el modelo que haya seleccionado. Para ello necesita saber:

⋏ El precio del distribuidor con las opciones que usted quiere,

⋏ gastos de destino,

⋏ precio de catálogo del distribuidor,

⋏ El TMV (valor en el mercado, por sus siglas en inglés). Este es un promedio de lo que otros compradores realmente han pagado por el vehículo. Si usted ve una gran diferencia entre la lista y el TMV, eso le dice que los distribuidores rebajan fácilmente. Una pequeña extensión significa que el modelo particular se vende mucho, y los distribuidores no sienten que tengan que rebajar el precio. (Nota: Si un vehículo está realmente de moda, como por ejemplo, los Mini-Cooper y los vehículos híbridos en 2004-5, podría no existir ninguna oportunidad de rebajas. En un caso poco frecuente como este, lo único que puede aspirar a obtener será algún regalo como los tapetes),

⅄ incentivos del distribuidor, rebajas, ofrecidos por el fabricante,

⅄ el valor del vehículo que dará a cambio. Basado en su kilometraje y la condición del mismo, puede conseguir una lista de precios comparativos de venta al mayoreo y venta al público para su auto.

Tenga cuidado con esto, ya que será tentador contratar los servicios de vendedores de autos que aparecen en pantalla mientras usted esté en la Internet. Recomendamos que los ignore. Podrían conseguirle un auto, pero no el mejor trato, y además les toma tiempo responder.

Paso # 3: Genere una hoja de cálculo

Las cosas van a complicarse un poco, por lo tanto tendrá que organizarse muy bien. Para conseguir el mejor trato, debe tener a diferentes distribuidores que le hagan buenas ofertas. Recuerde, en toda negociación, la existencia de alternativas es la fuente del verdadero poder. Usted tendrá muchas. Para llevar todo correctamente, necesita una hoja de cálculo.

Tendrá que llevar un registro de los distribuidores con los que se ha comunicado, con quién habló y cuándo, qué tipo de ofertas ha conseguido y otras notas sobre regalos y anzuelos (hablaremos de esto más adelante). Vea la hoja de cálculo de muestra en el Apéndice III.

Paso # 4: Investigue a los distribuidores

Con su hoja de cálculo abierta, regrese a la página de la Internet del fabricante del vehículo que desea, por lo general esto es www.[nombre del fabricante].com; cuando se conecte, vaya a la sección de Localizador de Distribuidores y pida una lista de distribuidores dentro de una distancia aproximada de unas 150 millas a su alrededor. Anote los nombres, direcciones y números de teléfono de esos distribuidores en su hoja de cálculo. Tal vez la página Internet le ofrezca ponerle en contacto por correo electrónico con esos distribuidores. Pase por alto esa oferta. Ningún distribuidor va a negociar seriamente por correo electrónico con alguien que no sabe si está realmente interesado en la compra.

Prepare una taza de café y respire profundo, porque está a punto de comenzar a negociar. ¡Esta es la parte divertida!

Paso # 5: Póngase en contacto con diferentes distribuidores

Escoja y llame al distribuidor que esté fuera del límite de su zona de comodidad. Una agencia de autos de una ciudad pequeña no es un mal lugar para empezar. Después de todo, usted apenas está calentando motores.

Nota: Los fines de semana no es recomendable llamar. Las agencias están ocupadas, los teléfonos suenan constantemente y los clientes están ahí. El mejor momento es un día entre semana por la mañana, cuando los vendedores regularmente no tienen mucho por hacer, mientras imaginan de dónde vendrá su próxima venta.

Cuando haga la llamada y le conteste la operadora, pida hablar con un vendedor. Cuando le responda diga algo como: «Buenos días. Mi nombre es XXXX, he decidido comprar un (marca, modelo, color y opciones que había escogido de antemano). ¿Tiene alguno en inventario?»

El vendedor dirá: «Sí, podemos conseguirle uno», o algo muy parecido. Seguro le sugerirá que vaya a la agencia para una prueba de manejo, y comenzará a elogiar la maravillosa selección que usted ha hecho. No haga caso.

Dígale que usted ya hizo su prueba de manejo y conoce las ventajas del vehículo. Respóndale: «Estoy decidido a comprarlo, sólo estoy buscando mi mejor opción. Vivo en XXX, pero no importa si conduzco hasta YYY (el lugar donde está la agencia) si el precio es bueno. Antes de que me dé una cotización, hay algunas cosas en las cuales tenemos que estar claros, para que ninguno de los dos perdamos el tiempo». Paso seguido usted aclara los siguientes puntos:

- «No quiero ningún equipo o extra que no haya pedido, tampoco paquetes de protección de pintura, seguros en las llantas, etcétera».

- «No voy a pagar ADP (ganancia adicional del distribuidor, por sus siglas en inglés) ni honorarios de ajuste de mercado» (éstos son añadidos sólo para ganancia del distribuidor).

- «No voy a pagar honorarios de tramitación». (El vendedor podría decir que todas las transacciones llevan unos honorarios, usted le responderá: «Está bien, inclúyame eso en el costo neto, pero voy a comparar su precio con los precios de las otras ofertas que he recibido».)

- «No quiero sorpresas. Sólo déme el precio neto del vehículo e infórmeme cuánto será por los impuestos y los costos de título de propiedad».

- «Pienso comprar el auto en los próximos tres días, en efectivo, sin entregar auto a cuenta». (Nota: Tal vez usted quiera financiarlo y dar su auto viejo en trueque, pero este no es el momento para traer a relucir esos asuntos que sólo entorpecerán la negociación. Lo que usted necesita es saber «el precio real» neto en el cual el distribuidor está dispuesto a venderle el vehículo.)

Esta conversación no debería tomar más de cinco minutos. Pero le ha dicho al vendedor que: a) usted es un prospecto serio (decidido); b) no va a perder mucho tiempo en discutir asuntos de ventas, y c) quiere el precio más bajo.

Además, ha sido claro con todo lo referente a las estratagemas para sacar ingresos extra y no va a dejarse llevar en ese juego. Por ejemplo, si le dice que todos sus vehículos vienen con el paquete de protección de pintura de 350 dólares, usted simplemente le dice que no aceptará recargo y no pagará más por un vehículo con o sin ello.

El vendedor dirá que tiene que dirigirse con el gerente para negociar su precio. Dígale que está muy bien, déle su número de teléfono y pídale que lo llame cuando tenga una respuesta. No permita que lo deje en espera en la línea; esto es caer en su juego. Dígale simplemente que no tiene mucho tiempo para esperar, agradézcale y cuelgue.

Registre el nombre del vendedor al lado del nombre de la agencia en su hoja de cálculo.

Ahora proceda a llamar a otros cuatro o cinco distribuidores de su lista, avanzando gradualmente hacia los que estén más cerca de casa o en las ciudades más grandes.

No llame a su distribuidor local aún. No lo haga hasta que lleguemos al paso # 9.

Archive toda la información de contactos en su hoja de cálculo, consiga otra taza de café y espere las llamadas.

Paso # 6: Espere las llamadas de los vendedores

Ahora las cosas comienzan a moverse rápidamente, tenga su hoja de cálculo a mano.

Cuando los vendedores (o los encargados de ventas) comiencen a llamar para darle precios, usted tiene que estar enfocado en el precio neto del vehículo que quiere. No les permita que le cambien o añadan opciones que no necesita.

Hágales saber que está interesado en el mejor precio (todo incluido) y que si no es así, se dirigirá a otros distribuidores.

Cuando le den una cotización, regístrela en su hoja de cálculo, pero asegúrese de que realmente ese sea el precio. Pregunte de nuevo al vendedor: «¿Está seguro de que no aparecerán otros cargos a la hora de cerrar el trato? ¿Cuántos son los gastos por título e impuestos? ¿Cuál es el precio total?»

Una vez que se asegure de que tiene toda la información, agradézcale y dígale que se comunicará en un momento.

¿Quién tiene el poder en esa negociación? ¡Usted!

Repita este proceso cuando los otros distribuidores le llamen.

Paso # 7: Analice los datos y déles seguimiento

Una vez que tenga noticias de todos los distribuidores de la ciudad, debería ser bastante fácil escoger las dos o tres mejores opciones. Asegúrese de que compara manzanas con manzanas. Usted tiene que adjudicar algún valor a su tiempo de viaje; es decir, no va a viajar 300 kilómetros para ahorrarse 20 dólares, pero podría viajar 120 y ahorrarse 800 dólares.

Llame de vuelta a los dos o tres distribuidores que le ofrecieron los mejores precios, y dígales que está interesado en la compra, pero necesita «que le mejoren la oferta» para ganarlo a usted como comprador. Cuando le pregunten «cuánto es mejor» (y ellos quieren hacerlo), no le diga cuánto, pero infórmeles que está interesado en cerrar el trato, siempre y cuando le mejoren la oferta.

Llame a los distribuidores con los precios más altos, y dígales que no está interesado en el trato porque sus precios exceden a los de la competencia. Eso los animará a mejorar la oferta o simplemente no le llamarán más.

Asegúrese de actualizar su hoja de cálculos con los cambios en las ofertas.

¿Quién tiene el poder? ¡Usted!

¿Quién siente la presión? Ellos.

En este punto, usted no deberá tener más de una hora invertida en las negociaciones.

Realice una comparación de lo que tiene hasta ahora con el TMV de su investigación.

Nota en cuanto a los números de TMV: Los números de TMV son útiles para establecer un punto de referencia, pero la información puede ser errada. Uno de los autores de este libro recientemente compró un vehículo en 1.700 dólares por debajo del TMV y otro en 3.000 dólares también por debajo de TMV. Sólo porque otra gente paga demasiado por sus autos no significa que usted tenga que hacer lo mismo.

Paso # 8: Haga las negociaciones finales

Llame a los dos distribuidores con las mejores ofertas, y dígales que están cerca del precio que busca, pero no lo que necesita. Empiece con el distribuidor que dio el precio más bajo, déle algunas alternativas, y dígale que tomará una decisión en los próximos treinta minutos. Si él dice que ese es el mejor precio que puede darle, entonces es el momento para tirar los anzuelos, debe tener a mano una lista de pequeñas cosas que el distribuidor pudiera darle:

- ➤ Alfombras para el auto,
- ➤ alfombra para el maletero,
- ➤ candado para el volante (contra robos),
- ➤ portaequipajes,
- ➤ tanque de gas.

Usted comprende la idea. Cuando acceda a darle una de las alternativas de su lista, pida otra, y otra, hasta que se retire o usted quede sin anzuelos para lanzarle.

Ahora hable con el distribuidor de la segunda oferta más baja, y déle una oportunidad para ganarle a la competencia. Si lo consigue, dígale que usted cree tener un buen trato, pero tiene que pensarlo un poco. Si todavía su oferta es un poco más alta que la anterior hágaselo saber y espere a ver qué pasa.

En este punto, los distribuidores pueden pedir ver las ofertas por escrito de la competencia. Dígales que no lo hará (así como usted no mostraría la de ellos a nadie más) pero que está seguro de que son legítimas. Nota: Antes de que termine la llamada con ambos representantes, revise nuevamente todos los costos y cargos, para estar seguro de que no habrán gastos ocultos ni sorpresas.

Usted puede decir hasta algo como esto: «Creo que nos hemos entendido, así que lo que quiero hacer es llegar a su agencia con un cheque por un monto exacto de $XXXX y salir con las llaves de ese auto. No quiero conducir a [el lugar de la agencia] para nada».

Si el agente de ventas no es muy confiable y usted no se siente seguro, puede pedir que le pasen al gerente de ventas o al dueño para confirmar el trato. También puede pedirles que le envíen por fax una copia de la oferta, pero no se sorprenda si no lo hacen, ya que ellos no quieren mostrar sus ofertas a otros distribuidores si realmente son bajas.

Actualice su hoja de cálculo, tome otra taza de café y prepárese para hacer más llamadas.

Paso # 9: Póngase en contacto con el distribuidor local

En este punto usted ya debería tener un buen trato. Llame a su distribuidor local y pida hablar con el vendedor que le permitió manejar el auto y le dio la charla de ventas cuando usted estaba buscando auto.

Cuando le responda dígale: «Buenas noticias, Bob. He decidido comprar el XXX que me mostró la semana pasada; he estado comparando precios, y tengo una mejor cotización de otro distribuidor. Si puede mejorar el precio, mañana mismo iré a recoger el auto». Dígale exactamente cuál es el mejor precio que usted ha conseguido.

De seguro, Bob estará receloso por lo bajo del precio, él puede pedirle que vaya para hablar de eso. También es posible que le pida identificar al otro distribuidor o una copia por escrito de la oferta, dígale a Bob que no va a hacer eso, pero que está seguro de que la oferta es válida.

Pídale que lo discuta con su superior, que necesita una respuesta rápidamente porque tiene que devolverle la llamada al otro distribuidor. Mientras espera, calcule lo que vale para usted ahorrarse el viaje de tantos kilómetros fuera de la ciudad para comprar el auto.

Cuando Bob le devuelva la llamada pueden pasar varias cosas. Si él consigue igualar o mejorar su oferta, intente lanzarle un par de anzuelos, y luego dígale que desea hacer trato con él. Confirme el precio total varias veces, y luego señale una hora para recoger su auto nuevo. Si su precio sigue siendo demasiado alto, inclusive haciendo ajustes por tiempo de viaje al otro distribuidor, agradézcale por su tiempo, y dígale que los usará para el mantenimiento del auto (si el otro distribuidor con el que negoció está fuera de la ciudad).

Llame al licitador más bajo, y dígale que está muy cerca de efectuar la compra. Tire un nuevo anzuelo, luego acuerde hacer el trato, y fije una hora para recoger su auto nuevo.

Paso # 10: Firme el trato

Llegue a la hora señalada y haga el trato. No permita que el vendedor a última hora le hable de costos por ningún concepto, nada de garantías extendidas ni cualquier otra cosa. Estreche la mano a cada uno. Sonría. Inspeccione su nuevo carro y despídase.

Si surgiera alguna sorpresa (regularmente, en este punto, no sucede), detenga las negociaciones inmediatamente, levántese y márchese. Llame al siguiente distribuidor en su lista, y compre el auto allí. Notifique al fabricante de su mala experiencia.

Segunda parte: si usted decide comprar en persona

Si por la razón que sea (tal vez necesite un auto usado) decide comprarlo en persona, los principios son los mismos, pero debe tener cuidado con algunas nuevas trampas. Recomendamos este procedimiento sólo para aquellas personas que realmente disfrutan del proceso de negociación. Recuerde, estará negociando en su terreno, y ellos tienen mucho más práctica que usted.

Haga su parte (vea los capítulos anteriores), escriba su precio final en un papel y guárdelo en su bolsillo antes de que ponga un pie en el salón de exhibiciones. Visite la agencia un día laboral cuando hay poco movimiento, de modo que le atiendan mejor; hágales saber que está listo para comprar y no que necesita ninguna charla promocional. Infórmeles que ha estado llamando a otros concesionarios para comparar precios.

A continuación tenemos algunas tácticas que probablemente experimentará:

> ⅄ Presión de tiempo. Cuanto más tiempo puedan retenerle, menos probabilidad tendrá de ir a otro lado y comenzar de nuevo el tedioso proceso.

Contra-táctica: Dígales que tiene sólo treinta minutos antes de otra cita y que se marchará si no puede llegar a un acuerdo en ese tiempo. Si lo ignoran de todos modos, levántese y diríjase a la puerta.

> ⅄ Hacer paquetes. Ellos querrán hablar de su vehículo en canje y de las opciones de financiamiento; esto sólo sirve para confundir el precio real del vehículo.

Contra-táctica: Dígales que sólo le interesa hablar del precio al contado.

⅄ Autoridades superiores. ¡Usted sabía que esto pasaría! El vendedor dice que tiene que discutir el precio con su superior. El plan del vendedor es ausentarse por un rato, esto es justo la táctica de presión de tiempo (vea el punto anterior).

Contra-táctica: Dígale al vendedor que quiere tratar directamente con la persona que toma las decisiones (encargado de ventas, gerente general o quienquiera que sea). Si le dice que la persona está demasiado ocupada, no se incomode, simplemente diga: «No hay problema». Entonces anote su número de teléfono, y diga: «Por favor, dígale que me llame cuando esté menos ocupado». Y diríjase a la puerta. Le garantizamos que encontrará al jefe antes que dé unos pasos hacia la salida.

Usted no va a caer en el juego del vendedor, simplemente haga que las cosas se pongan a su favor, con algunos trucos propios. Aquí le damos algunos (vea el capítulo 5) que le gustará usar:

⅄ El apretón. Revise la primera oferta y diga: «Necesito un precio mejor». Si pregunta: «¿Cuánto es lo mejor?» ¡El vendedor mordió el anzuelo! Baje al precio mínimo y deje que comience el juego.

⅄ Vacile. Cuando le hagan una contraoferta, estúdiela, quéjese y espere al vendedor que aparecerá con una concesión para hacerle sentir mejor.

⅄ Arenque rojo / Cortina de humo. Si el vehículo tiene un punto débil (poco rendimiento de gasolina, kilometraje, puntaje de seguridad por debajo del promedio, poco valor de reventa), preséntelo como una preocupación. Si tiene interés en un modelo competitivo de otro fabricante, avísele al vendedor.

⅄ El radar. Dígale que sólo puede pagar «XXX» por su auto nuevo.

⅄ Divida la diferencia. Ofrezca dividir la diferencia entre su precio y la oferta. Si lo acepta, tómelo, cambie de tema, reenfoque la negociación a otra área aparte del precio, déle un rodeo a la conversación y vea si puede conseguir dividir la diferencia de nuevo.

▲ Autoridades superiores. Si le han dado la mejor oferta y necesita tiempo para pensar en ello, dígaselo al vendedor.

▲ El anzuelo. Haga una lista antes de salir de su casa. Una vez que esté seguro del precio y que es la oferta que le han dado, comience a pedir complementos: alfombras, candado de seguridad para el volante, portaequipajes, lo que sea. Si le conceden una cosa, pida otra. Indague cuántos de los artículos en su lista le dará el vendedor.

Si siente que está perdiendo poder en la negociación, tome un breve descanso. Si viene con alguien, no hable de sus estrategias con su acompañante dentro del concesionario (vaya afuera para hablar en privado).

Recuerde siempre que usted es el comprador. Usted tiene el poder. Y está listo para retirarse si no puede conseguir el trato que quiere.

Cómo ver más allá de los «especiales de fábrica»

En esta era de tasas de interés subsidiadas y promociones «a precio de empleado», es una tentación asumir que el precio anunciado de un vehículo es el mejor. No es así necesariamente. El precio de fábrica con frecuencia no afecta al margen del distribuidor, una vez que haya identificado el impacto de los especiales del fabricante en el precio, entonces debe preguntarle al distribuidor qué va a hacer para mejorar su trato.

Financiamiento

El dinero que ganan los distribuidores se encuentra en el margen entre su precio y lo que le cobran al cliente. Si usted necesita financiamiento, por lo general es más económico hacer esos arreglos por su propia cuenta. El distribuidor estará feliz de financiarle su vehículo, y esto no debería afectar su trato en lo absoluto, aunque usted lo decida a último momento. Siempre es una idea buena corroborar su historial de crédito y asegurarse de que ese informe esté al día, antes de que hable con alguien sobre un préstamo.

Canje

Si tiene un auto que quiere dar a cambio, tiene varias opciones. Lo primero que debe hacer es mantener el vehículo en canje aparte del auto nuevo, porque los comerciantes realmente pueden enredar las cosas si se combinan esos dos; si su auto es unos años más viejo, el distribuidor tal vez no lo quiera en su establecimiento. El distribuidor puede tener a un mayorista para ofrecérselo y hacerle una oferta, de seguro será muy baja.

Usted puede obtener una oferta en un lugar como CarMax, también le ofrecerán muy poco. Haga esto: antes de ir al concesionario, busque precios con otros distribuidores para tener algunos puntos de comparación.

Las agencias de autos obtienen mucho dinero comprando vehículos usados baratos, limpiándolos y revendiéndolos. Usted puede hacer lo mismo. Si no quiere importunarse con la venta de su auto, entonces véndalo a precio de mayorista.

Ahora, si cada dólar cuenta, gaste un poco más, límpielo a fondo y coloque un anuncio de venta en la ventanilla del auto. Si nadie se ha interesado después de unos días, entonces ponga un aviso en el periódico. Puede basar su precio inicial en la cifra que obtuvo de Edmunds (venta de menudeo), o usted puede ir a sitios en la Web y mirar precios de venta de vendedores privados (no distribuidores). Muchos autos usados se venden en eBay (sitio de compra en Internet), el suyo podría venderse allí también.

Use las estrategias estudiadas en este libro para negociar con futuros compradores, utilice la oferta al mayoreo como su punto de partida.

Autos usados

Los autos usados caen en la categoría no muy claramente definida entre mercancía corriente y artículos únicos. Por ejemplo, si usted trata de comprar un antiguo Bugatti y hay sólo cinco modelos existentes, no tiene muchas alternativas; en ese caso no tiene mucho terreno para negociar. Pero si le interesa un Ford Taurus 2002, de los que hay miles corriendo por nuestras calles, usted está en fuerte posición para la negociación. El secreto de todo esto es investigar los precios corrientes del mercado (en computadora, periódico, agencias de carros, etc.) y conocer tanto como le sea posible sobre la condición del vehículo particular que considera. Si no conoce mucho de mecánica, sería bueno pagarle a un especialista para hacerle una inspección antes de plantear una oferta.

Antes de comenzar las negociaciones planee sus movimientos (capítulo 9), y siempre, siempre, tenga anotado su precio final.

Comentario final

Actualmente el trabajo de los vendedores de autos es muy duro. Cualquiera puede averiguar los márgenes de ganancias que tienen, y ahora existen muchas más opciones para comprar. Sólo recuerde que usted tiene el poder en esas negociaciones, y con un poco de planificación y preparación puede resistir la variedad de tácticas que ellos usan para poner ese poder lejos de usted.

Usted está gastando mucho dinero en un auto, así que por lo menos diviértase al hacerlo.

APÉNDICE I

Hoja de planificación para las negociaciones

LO QUE ELLOS QUIEREN	LO QUE QUEREMOS

¿PARIDADES POTENCIALES?

ÁREAS CLAVE DE DISCUSIÓN:

¿SUS CRITERIOS DE EVALUACIÓN?

¿ASUNTOS DE GUARDAR APARIENCIAS?

MÁXIMO:

PUNTO DE PARTIDA:

PRIMER MOVIMIENTO:

SEGUNDO MOVIMIENTO:

MÍNIMO (*PRECIO FINAL*):

ARTÍCULOS ADICIONALES (CONTRA-ANZUELOS):

ESTRATEGIA ALTERNATIVA:

APÉNDICE II

Guía de respuestas

Escenario # 1

La opción c) es la correcta. Recuerde que en el capítulo sobre comunicación no verbal, dijimos que el tocarse la barbilla es por lo general un signo de que la otra persona no está segura de lo que dice o está mintiendo. Usted nunca decidiría la negociación basado en la información que recibe en esas circunstancias. Es necesario averiguar lo que está pasando y la mejor opción que tiene es hacer preguntas abiertas como: «Dígame más sobre las ofertas de la competencia».

Escenario # 2

La opción d) es la correcta. Es una clásica cortina de humo; el cliente trata de usar un incidente del pasado como presión para negociar este trato. Usted tiene que usar la técnica «de descarte» a fin de quitar esa cortina de humo de su trato actual. Ofrezca revisar de nuevo la problemática después de que el trato en cuestión haya sido resuelto. En la mayoría de los casos, la cortina de humo se deshace.

Escenario # 3

La opción b) es la correcta. Es una mordida o un anzuelo y usted sabe, según el capítulo de donde se abordaron las técnicas, que si muerde el anzuelo, recibirá (¡sorpresa!) otro anzuelo. Esté siempre preparado con su propia lista de anzuelos de ataque, y pida algo de valor aproximadamente igual a cambio.

Escenario # 4

La opción c) es la correcta. Si el otro usa el estilo conquistador, le será necesario emplear ese estilo a fin de evitar ser intimidado o arrollado. A menudo, el C1 tendrá un estilo de respaldo al cual recurrirá cuando se percate de que ese estilo no los está llevando a ninguna parte.

Escenario # 5

Cuando las cosas no van como usted espera, debe hacer algo para romper el ímpetu negativo y reagruparse. La opción d), descansar un rato, es la mejor forma de hacerlo sin quedar mal y no perder la autoridad. La opción b) le permite salir del salón para reagruparse, pero eso lo expone a que los demás piensen que usted necesita la ayuda de alguien para tratar con esta nueva información. En otras palabras, usted ha perdido el poder en la negociación al mostrarles que la táctica que emplearon le ha tomado desprevenido.

Escenario # 6

La opción a) es la correcta. Cuando una negociación que ha estado procediendo de una manera ordenada y racional deja de tener lógica repentinamente, busque si hay asuntos de guardar las apariencias. Si continúa insistiendo con la esperanza de que el contrario modifique su posición, es probable que pierda mucho tiempo y ambos se frustren. Averigüe lo que el otro necesita para quedar bien, calcule de qué formas puede obtenerlo y sepa lo que pedirá a cambio.

Escenario # 7

La opción d) es la correcta. Esto de vacilar es casi siempre una falsa señal no verbal. El comprador quiere que usted piense que algo acerca de su propuesta le ha hecho daño. Si muerde el anzuelo, usted saltará y le ofrecerá una especie de concesión para hacerle sentir mejor. No caiga en esa trampa. Sólo siéntese tranquilamente y espere que la otra persona hable primero.

Escenario # 8

La opción d) es la correcta. Si un ejecutivo que toma decisiones clave de repente no asiste a la reunión, usted debería asumir que el otro lado le está preparando la táctica de las autoridades superiores. Cuando eso pasa, debe insistir en que la persona indicada asista a la reunión, o debe retener algo de la oferta de modo que pueda responder al inevitable inconveniente que él le presentará.

Escenario # 9

La opción b) es la correcta. Él está haciendo una torre con sus manos, una señal traducida literalmente como: «Ya sé todo sobre esto y deseo que se calle y me deje hablar». La mejor opción es dejar de hablar y preguntarle algo. Él quiere hablar.

Escenario # 10

La opción c) es la correcta. Cuando planifique su estrategia de precios, comience siempre determinando su precio final. Ese es el precio al cual a usted ya no le preocupa si hace el trato o no. Al calcular esta cifra y anotarla en un papel, usted se asegura de que no será manipulado para hacer algo estúpido. Esto le da el poder.

Escenario # 11

La opción d) es la correcta. Tomar unos minutos y confeccionar un plan de acción es siempre una buena idea porque se asegura de que las partes involucradas en el trato hagan realmente lo que se supone que hagan. Un plan con puntos importantes y responsabilidades explicadas detalladamente mantendrá a las personas enfocadas; esto también le protegerá contra la amnesia selectiva. Finalmente, en caso de que su homólogo en la compañía del cliente sea degradado de posición, despedido o promovido, usted estará en mejor posición con el reemplazo si tiene un plan concebido anteriormente.

Escenario # 12

La opción c) es la mejor. Al formar a su equipo, usted desea equilibrar el lado de ellos con el suyo; si ellos tienen expertos en la materia, usted probablemente necesitará los suyos también. No se exceda con la cantidad de personas o estará enviándoles una señal de que su compañía tiene exceso de personal. No se presente solo a la negociación a menos que esté calificado para tratar, en profundidad, con especialistas en la materia.

Escenario # 13

La opción b) es la mejor. Los abogados son un caso especial. Usted no está calificado ni autorizado por su compañía para hablar de asuntos legales, si el otro lado tiene a un abogado y usted no, debería concertar otra cita para cuando su abogado pueda asistir.

Escenario # 14

La opción c) es la correcta. Es una clásica exprimida. Si usted dice: «¿Qué es lo mejor que debo hacer?», mordió el anzuelo, y de allí en adelante empieza a negociar con usted mismo. Es más conveniente si le pregunta a su cliente con qué está comparando su oferta. Entonces puede buscar diferencias, elementos tipo manzanas-naranjas, y vender de nuevo el valor de su propuesta.

Escenario # 15

La opción c) es la correcta. La manera como se viste, como da la mano y como demuestra confianza, no su título, establece la igualdad de nivel en la negociación.

Escenario # 16

La opción d) es la correcta. ¿Recuerda cuando hablamos del «selectivo» en el capítulo de las tácticas? El comprador está usando esa táctica aquí con usted. El hecho de que él haya decidido escoger de entre los posibles provee-dores no significa que usted está obligado a honrar un precio basado en una cotización de un paquete completo. Usted debe informar al comprador que sus precios estaban basados en un número de productos y que le alegrará cotizar de nuevo el trato basado en un número de productos reducido.

Escenario # 17

La opción c) es la correcta. Siempre debe tener cuidado cuando el com-prador quiera que usted divida la diferencia. A menudo, esta es una tácti-ca diseñada para conseguir que baje su precio mientras el comprador simula que colabora. Si no tiene cuidado, puede dividir la diferencia varias veces mientras que el comprador realmente no cede en absoluto. Hay casos (por ejemplo, si usted se queda sin tiempo para explorar otras soluciones) en los que dividir la diferencia es la única forma de concretar un trato. Si el resul-tado de la división es aceptable para usted en esa situación, hágale saber a la otra parte que usted lo hará tan sólo como una condición para firmar la orden. De esta manera anula la trampa de las divisiones múltiples o conce-siones futuras.

Escenario # 18

La opción c) es la correcta. Recuerde, los números redondos invitan a la negociación. Parecen arreglados y redondeados. Un número impar, como c), parece que fue calculado y en efecto tiene base y fundamento, no ilusio-nes. La opción b) parece ser el precio «de venta al público».

Escenario # 19

Las opciones c) y d) son correctas. En una sala de conferencias que limi-ta con la oficina de un ejecutivo, las probabilidades de que el ejecutivo ten-ga «su» puesto en la sala es lo usual. Probablemente es el asiento «A». Si elige sentarse allí, él se sentirá incómodo o molesto. Si escoge el asiento «B», lo enfrentará a través de una larga mesa de un modo contencioso. Los asientos «C» y «D» son las mejores opciones porque lo colocan en una posición más cooperadora. Recuerde que usted no va a sentarse hasta que los otros negociantes lleguen. Usted no quiere que se sientan atropellados y tengan un concepto equivocado de usted, ya que eso le resta autoridad. Espere antes de que ellos entren, estrechen su mano y luego cada uno se siente al mismo tiempo.

Escenario # 20

La opción b) es la correcta. Esta táctica ha sido diseñada para sorprenderle fuera de base e infundirle pánico para que dispare la primera cifra alocada que se le ocurra. Usted quiere ganar tiempo para poner en orden sus pensamientos, examinar la oferta y decidir la opción apropiada.

Su resultado (número de respuestas correctas): _____

Basado en nuestra experiencia, esta es la forma en que usted debería interpretar sus resultados; si sus resultados son:

20-17:	¡Excelente trabajo! Está listo para negociar en las grandes ligas.
16-14:	¡Gran trabajo! Está listo para negociar y ganar.
13-10:	¡Bien! Podría repasar aquellas áreas en las que perdió puntos, pero va en buen camino.
9-5:	Debe volver a leer el libro antes que intente negociar algo más serio que una lámpara en una venta de artículos usados.
4 o menos:	Considere la posibilidad de contratar a alguien que haga las negociaciones por usted.

APÉNDICE III

Muestra de hoja de cálculo para la compra de un automóvil

VEHÍCULO: 2004 - ZEPHER
OPCIONES: AUTOMÁTICO, SIN NAVEGACIÓN, BLANCO

| INFO. EDMUNDS | MSRP: $32.650 | COSTO EN FACTURA: $30.000 | CARGOS DE FLETE: $545 | COSTO DEL CONCESIONARIO: $30.845 | TMV: $31.974 |

DESCUENTOS/INCENTIVOS: FINANCIAMIENTO AL 1,9%
VEHÍCULO EN CANJE EDMUNDS: '96 OUTLAW 230, 88K MILLAS

AL MAYOR: $5.421   PRIVADO: $6.600   AL PÚBLICO: $8.227
CAR PROS: $4.850   LOS AUTOJACK: $3.500
OFERTAS: AUTO MAX: $4.700

CONCESIONARIO	DIRECCIÓN	TELÉFONO	CONTACTO	VEHÍCULO	TÍTULO	IMPUESTO	PROCESAMIENTO	MISC.	TOTAL	DISPONIBLE
CITY ZEPHER	15111 JEFFERSON AVE. NEWPORT NEWS, VA 23602	(757) 866-7060	BOB SMITH	$32.000	$50	$1.024	0	0	$33.074	10 FEB
CROWN ZEPHER	4405 W. BROAD ST. RICHMOND, VA	303-9633	HARRY JONES	$31.395	$50	$1.040	$199	ALFOMBRA DE MALETERO PROTECCIÓN DE LODO CANDADO DE VOLANTE	$32.684	12 FEB
A-1 ZEPHER	1200 COLUMBIA PIKE FALLS CHURCH, VA 22401	(703) 888-2268	MARY LIU	$30.959	$50	$991	0	ALFOMBRA DE MALETERO CANDADO DE VOLANTE	$32.000	AHORA
LEE MOTORS	900 AUTO PARK BLVD. CARY, NC 27511	(919) 512-8200	DALE SIMMONS	$32.000	$50	$1.024	0		$33.074	AHORA
CAPITAL ZEPHER	3911 LEE JACKSON HWY. CHANTILLY, VA 20151	(703) 666-6600	TIM BROWN	$30.864	$50	$986	0	ALFOMBRA DE MALETERO	$31.450	AHORA

BIBLIOGRAFÍA

Babcock, Linda y Laschever, Sara (2005). *Las mujeres no se atreven a pedir: Saber negociar ya no sólo es cosa de hombres*. Barcelona, España: Amat Editorial.

Camp, Jim (2004). *De entrada diga no*. Barcelona, España: Urano.

Cohen, Herb (2005). *Negocie y gane*. Bogotá, Colombia: Editorial Norma.

Dawson, Roger (2001). *The Secrets of Power Negotiating*. Franklin Lakes, NJ: Career Press, Inc.

Haberfeld, Steven (2000). "Government to Government Negotiations: How the Timbhisa Shoshone Got Its Land Back". *American Indian Culture and Research Journal*. Vol. 24, no. 4.

Karrass, Chester (1992). *The Negotiating Game*. Revised edition. New York, NY: HarperCollins.

Krause, Donald G. (1995). *El arte de la guerra para ejecutivos*. New York, NY: Perigee Trade.

Pease, Allan (1984). *Signals*. New York: Bantam Books.

Ury, William y Fisher, Roger, (2004). *Obtenga el sí: El arte de negociar sin ceder*. Barcelona, España: Editorial Gestión 2000.

ACERCA DE LOS AUTORES

Ron J. Lambert es presidente y cofundador de Yukon, filial de Along-side Management Company con base en Richmond, Virginia, una compañía enfocada en transformar a los vendedores en hombres de negocios. Cada uno de los asesores de Alongside Management tiene por lo menos veinticinco años de experiencia en ventas y ha trabajado al menos en un nivel vicepresidencial.

Antes que se fundara Alongside Management, en 1989, Ron dirigió todas las relaciones con los clientes y las negociaciones de contratos principales de la división farmacéutica de A.H. Robins Inc., empresa con un valor de 500 millones de dólares, y trabajó como vicepresidente de Data Systems Corporation.

Ron ha trabajado como profesor adjunto en la facultad de Virginia Commonwealth University así como en el Management Institute de la Universidad de Richmond, además ha dirigido talleres en la Universidad Cornell. Particularmente, ha dirigido más de quinientos talleres de negociación personalizados en Estados Unidos, Italia, Francia, Sudáfrica, Alemania, los Países Bajos, el Reino Unido, Hong Kong, Canadá y Bruselas.

Ha ayudado a numerosos clientes a dirigir verdaderas negociaciones multimillonarias, sirviendo en el equipo de negociación propiamente o actuando como consejero principal para el equipo de negociación del cliente.

Ron ha sido consultor y ha conducido programas para muchas compañías, incluyendo M&M MARS, Wyeth Pharmaceuticals, Nextel, Gillette, Vistage, PepsiAmericas, GlaxoSmithKline Consumer Healthcare, BP

Lubricants, EDS, Allergan, General Electric, Dominion Virginia Power, Reader's Digest, Ethyl Corporation, Swedish Match, AMF, General Medical Corporation y ABB.

Ron vive en el condado de Mathews, Virginia, una pequeña comunidad localizada cerca de la Bahía Chesapeake, con su esposa, Debbie. Tanto Ron como su esposa son miembros de la Escuadrilla de Rescate Voluntario de Mathews y son miembros activos en su iglesia, Kingston Parrish. Tienen tres hijos adultos y cinco nietos.

Tom Parker es vicepresidente de Yukon, filial de Alongside Management Company, basada en Richmond, Virginia. Tiene más de veinticinco años de experiencia en ventas, mercadotecnia, desarrollo de productos y en ventas gerenciales con grandes corporaciones multinacionales.

Después de terminar su maestría en administración en la Escuela de Negocios de Darden en la Universidad de Virginia, Tom se afilió a Productos Comerciales Rubbermaid.

Ascendió a través de la organización de ventas y mercadotecnia y por último dirigió la División de Productos de Oficina. Algunos de los productos que Tom desarrolló mientras trabajaba en Rubbermaid permanecen en los primeros lugares de venta hoy.

A finales de 1987, Tom fue reclutado por el empresario Richmond Bill Goodwin para ayudar a la compañía AMF Bowling. Lo contrataron para reestructurar y reenfocar el grupo de ventas. Durante sus diez años como vicepresidente de ventas en la AMF, fue responsable del cambio exitoso que llevó a la muy acertada compra de 1,3 mil millones de dólares por Goldman Sachs y a una oferta inicial para accionistas (IPO).

Durante su carrera, Tom ha dirigido compañías de vendedores, representantes de fabricantes, vendedores por teléfono y distribuidores. Ha creado sistemas de compensación, proyectos comerciales, presupuestos, cuotas, competencias de ventas y planes de incentivos; ha negociado contratos nacionales grandes con empresas conjuntas internacionales. Además de su carrera corporativa, fue dueño y dirigió por varios años dos pequeños negocios de servicio.

Desde que se unió a Alongside Management, Tom ha conducido seminarios de negociaciones y sesiones de entrenamiento a través de Estados Unidos así como en Asia, Europa, África, Suramérica y Australia.

Ha escrito varios artículos sobre negociación y regularmente imparte conferencias de negocios a grupos cívicos. Además es coautor de un curso de negociaciones para mujeres y autor de un curso de negociaciones para los empleados de bienes raíces.

Ha estado activo en la industria y en la directiva de la asociación comercial siendo consultor por varios años de una empresa multinacional fabricante de máquinas expendedoras.

Tom y su esposa, Betsy, viven en Richmond, Virginia, y tienen dos hijos.